學數字斷吉凶
這本最好用

最受演藝圈信賴
推崇的命理老師之一

推薦序

　　易經是東方哲學的一部寶典，小至一事一物的處置方法，大到治國平天下的道理，都可以從易經找到指導的方針。繫辭傳所謂：「易之為書也，廣大悉備。」誠是也。

　　「易有太極，是生兩儀，兩儀生四象，四象生八卦。」這說明易理的推廣，是由宇宙生命之機的「太極」而起，其次是活力四射的「陰陽」兩儀，然後再化為老陰、老陽、少陰、少陽等「四象」，四象又化為乾、坤、艮、兌、震、巽、坎、離等「八卦」，以象徵天、地、山、澤、雷、風、水、火之跡。這八個原卦相互配合成六十四卦，每卦有六爻，凡三百八十四爻；再乘則為四千零九十六卦、一十四萬七千四百五十六爻，連續相乘，無窮無盡。以此來演繹天地萬物動靜變化的法則，能不令人讚嘆嗎？繫辭傳即曰：「易與天地準，故能彌綸天地之道。」孔子更說：「知變化之道者，其知神之所為乎？」

　　後賢為了通達宇宙萬物變化之契機，將之化為簡，推極易數，以爻辭解說吉凶，以占卜觀其變化，「是故君子居則觀其象而玩其辭，動則觀其變而玩其占，自天祐之，吉無不利。」為更求簡便，古有「梅花易數」，即以數字

來卜吉凶，所謂「言象者，不可忘其數」也。

　　本會黃君恆堉老師，智悟超群，德慈術知，向為人所肯定。他將卦爻化為數字，輔以「解籤」之白話文辭，都為《數字論吉凶》一書。書中除有易理根據外，也運用科學化的數字符號，頗有參考的價值，是現代人趨吉避凶的心靈藥方。故本書初版發行以來，口碑甚佳，洛陽紙貴。恆堉兄為應廣大讀者要求，擬再版擴大發行，筆者喜見該書受到歡迎，也希望讀者在運用數字吉凶之餘，能以健康的心靈處事。茲於再版前夕，樂於書序推薦。

中國五術教育協會理事長

洪富連

已酉年謹序於清水龍門

　　（按「中國五術教育協會」係內政部立案的全國性五術學術研究及教育的團體。除發行五術刊物「星元」雜誌外，也為台海新生報及中央日報編訂年度民曆;更積極推廣民眾山、醫、命、卜、相等五術教育。歡迎有志之士加入該協會的行列，參加本協會有許多好處，每年舉辦會員大會贈送價值非凡贈品及星元雜誌以及辦理多次免費命理講座及五術學習課程、更能認識台灣各界五術大師、增廣見聞、每年舉辦五術義相義診增進人際互動、參加者絕對值回票價、歡迎索取年度活動簡章。）

總會會址:433台中縣沙鹿鎮星河路766號

服務電話:04-26224934。0920-598659　洪富連　老師

台中會址407台中市西屯區西屯路2段297-8巷78號

服務電話：04-24521393。0936-286531黃恆堉　老師

推薦序—本簡單易懂的工具書

天下間有很多東西，似乎都可以用來預測命運。

我們常聽到「術業有專攻」如果學理基礎夠，經驗也夠的情況下，數字運用在預測命運的準確度顯然不用存有太多的懷疑。

接觸五術命理20幾年，教過學生不下數千人，黃老師是我見過，頭腦最活用的一位天才。

以往易經卜卦學理及運用似乎給人有一種神秘難懂的印象，但經過恆堉兄巧妙安排解說變成一本人生預測工具書，裡面的解說只要看懂中文字的人幾乎都會使用。

至目前為止五術命理書籍可能還未曾出版過這麼簡單易懂的書籍，本人鄭重推薦給你，這是一本值得你或全家人在對未來命運做安排時的一本參考書。

張新彩老師
台中救國團易經班講師
行政院職訓局易經班講師
台中市卜卦堪輿協會理事
企業社團：陽宅、卜卦、八字、擇日授課
04-26312577　0932-674629

◆ 學數字斷吉凶，這本最好用 ◆

自　序

　　所謂五術乃是山、醫、命、相、卜等五種學術，每一種均能為人們解決困惑。其中山.相.卜更是種類繁多如紫微、八字、姓名學、陽宅學、大六壬、奇門遁甲、卜卦、手、面相、西洋星座、占卜、塔羅牌、孔明神數等不勝枚舉，很多人會問那一派最準，任何命相只是工具及學理不同，大概也都不脫離統計學之原理。

　　這本數字學在 既有的數字學理上也不脫離統計學原理，但另一強大功能（卜卦）則是藉由無形的神明靈動力來指出我們想要了解的事情，（卜卦）具有預知未來事情吉凶的能力，藉由占卜者本身的信念，配合神明的指示，進而產生出一組數字，此數字所代表的卦象，則由易經八卦所產生的 64 卦延伸成 384 爻，每一爻所代表的意義在本書中已用很簡單的白話文解釋，好讓各位讀者方便了解，達成趨吉避凶的效果。

　　市面上易經卜卦書籍很多，如果您想研究此門學問可買幾本回去研究研究，如果您不想花太多腦筋在易經領域上，建議您可以買這本不用花腦筋的隨查手冊，將它帶在身邊倒是可以幫您很多忙喔！

作者　黃恆堉

2006.01

目 錄

◆ 學數字斷吉凶，這本最好用 ◆

◆學數字斷吉凶，這本最好用◆

最受演藝圈信賴推崇的
命理老師之一　黃恆堉

第一章

身邊各種有關號碼種類

我們身邊的這些號碼數字不佳怎麼辦？

機車牌照	汽車牌照	提款卡
手機號碼	家用電話	健保卡
存款簿	信用卡	郵局存摺

請您用本書所教授的數字改運法來將不吉之數改成好的，
本書會教您如何運用九宮圖來找出個人最佳的幸運數字，
以幫助我們達成想要的目標。

第二章

各種有關號碼吉凶查詢

第一節、查詢各種有關號碼（吉）或（凶）

如A.身份證字號之吉凶　　　B.行動電話之吉凶

C.汽車牌號之吉凶　　　　　D.機車牌號之吉凶

E.家用電話之吉凶　　　　　F.信用卡號之吉凶

G.銀行帳號之吉凶　　　　　H.提款密碼之吉凶

I.健保卡號之吉凶　　　　　J.郵局存摺之吉凶

K.汽車行照之吉凶　　　　　L.機車行照之吉凶

M.任何號碼之吉凶

由以上各種號碼的後三碼即可得知此號碼之吉凶，如果是吉，恭喜您！如果是凶，本書會教您如何將凶改成吉，這才叫做「有法有破！」，希望本工具書能成為您趨吉避凶的最佳夥伴。

如何查詢以下各種證號吉凶

A.身份證字號

B1234765324就查後三碼324看是第幾籤

B.行動電話

0936286531就查後三碼531看是第幾籤

C.汽車牌號

B2-7547就查後三碼547看是第幾籤

D.機車牌號

HH7-437就查後三碼437看是第幾籤

E.家用電話

27654328就查後三碼328看是第幾籤

F.信用卡號

5148-5432就查後三碼432看是第幾籤

G.銀行帳號

053-564-78654就查後三碼654看是第幾籤

H.提款密碼

675449就查後三碼449看是第幾籤

I.健保卡號

1187 1675就查後三碼675看是第幾籤

J.郵局存摺

002-2767333就查後三碼333看是第幾籤

K.任何號碼

123456789就查後三碼789看是第幾籤

第二節、占卜各項疑難困惑之事

如 A.婚姻好壞

　　B.投資買賣、業務推廣

　　C.入學推甄、成功面試

　　D.電話開發、廣告宣傳

　　E.合夥吉凶、討債訴訟

　　F.疾病狀況、健康快樂

　　G.買屋賣屋、求職離職

　　H.二度婚姻、情人速配

　I. 舉凡所有困擾無法定奪之事，均可參照本書方法來占

　　卜，信者靈，不信者零！

第三節　數字組合最後一碼易經拆解公式

原理解説

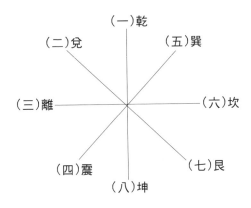

例子㈠09XX-XX0004

以後一碼為取卦案例

4為上卦　4＝震

0為下卦 0＝10÷8＝2.餘2＝兌

004＝第四爻辭之解釋

㈣震為雷、㈡兌為澤

所以此號碼為雷澤歸妹卦第四爻詞之解釋

例子㈡09XX-XX0009

以後一碼爲取卦案例

9爲上卦 9÷8=1..餘1　1=乾

0爲下卦 0=10÷8=2.餘2=兌

009=9÷6=1餘3=第三爻辭之解釋

㈠乾爲天、㈡兌爲澤

所以此號碼爲天澤履卦第三爻詞之解釋

第四節　數字組合最後二碼易經拆解公式

原理解説

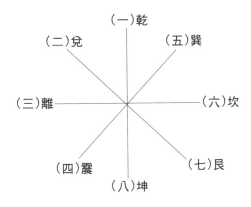

(一)乾
(二)兌　(五)巽
(三)離　　(六)坎
(四)震　(七)艮
(八)坤

例子(一)09XX-XX0048

以後二碼為取卦案例

8為上卦　8=坤

4為下卦　4=震

48÷6=8.餘0=第六爻辭之解釋

(八)坤為地、(四)震為雷

所以此號碼為地雷復卦第六爻辭解釋

例子(二)09XX-XX0079

以後二碼為取卦案例

9為上卦 9÷8=1..餘1　1=乾

7為下卦 7=艮

79=79÷6=13餘1=第一爻辭之解釋

(一)乾為天、(七)艮為山

所以此號碼為天山遯卦第一爻辭解釋

第五節　數字組合最後三碼易經拆解公式

原理解説

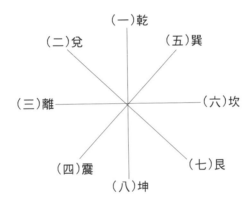

例子(一)09XX-XX0336

以後三碼爲取卦案例

6爲上卦　6=坎

33爲下卦　33÷8=4餘1=乾卦

336÷6=56.餘0=第六爻辭之解釋

(六)坎爲水、(33)乾爲天

所以此號碼爲水天需卦第六爻辭解釋

例子(二)09XX-XX0103

以後三碼為取卦案例

3為上卦　　3=離

10為下卦 10÷8=1.餘2=兌

103=103÷6=17餘1=第一爻辭之解釋

(三)離為火、(二)兌為澤

所以此號碼為火澤睽卦第一爻辭解釋

第六節　各籤詩之卦象對照表

六十四卦符號對照表

坤 地	艮 山	坎 水	巽 風	震 雷	離 火	兌 澤	乾 天	上卦／下卦
11 地天泰 31.32.33籤	26 山天大畜 76.77.78籤	5 水天需 13.14.15籤	9 風天小畜 25.26.27籤	34 雷天大壯 100.101.102籤	14 火天大有 40.41.42籤	43 澤天夬 127.128.129籤	1 乾為天 1.2.3籤	乾 天
19 地澤臨 55.56.57籤	41 山澤損 121.122.123籤	60 水澤節 178.179.180籤	61 風澤中孚 181.182.183籤	54 雷澤歸妹 160.161.162籤	38 火澤睽 112.113.114籤	58 兌為澤 172.173.174籤	10 天澤履 28.29.30籤	兌 澤
36 地火明夷 106.107.108籤	22 山火賁 64.65.66籤	63 水火既濟 187.188.189籤	37 風火家人 109.110.111籤	55 雷火豐 163.164.165籤	30 離為火 88.89.90籤	49 澤火革 145.146.147籤	13 天火同人 37.38.39籤	離 火
24 地雷復 70.71.72籤	27 山雷頤 79.80.81籤	3 水雷屯 7.8.9籤	42 風雷益 124.125.126籤	51 震為雷 151.152.153籤	21 火雷噬嗑 61.62.63籤	17 澤雷隨 49.50.51籤	25 天雷無妄 73.74.75籤	震 雷
46 地風升 136.137.138籤	18 山風蠱 52.53.54籤	48 水風井 142.143.144籤	57 巽為風 169.170.171籤	32 雷風恆 94.95.96籤	50 火風鼎 148.149.150籤	28 澤風大過 82.83.84籤	44 天風姤 130.131.132籤	巽 風
7 地水師 19.20.21籤	4 山水蒙 10.11.12籤	29 坎為水 85.86.87籤	59 風水渙 175.176.177籤	40 雷水解 118.119.120籤	64 火水未濟 190.191.192籤	47 澤水困 139.140.141籤	6 天水訟 16.17.18籤	坎 水
15 地山謙 43.44.45籤	52 艮為山 154.155.156籤	39 水山蹇 115.116.117籤	53 風山漸 157.158.159籤	62 雷山小過 184.185.186籤	56 火山旅 166.167.168籤	31 澤山咸 91.92.93籤	33 天山遯 97.98.99籤	艮 山
2 坤為地 4.5.6籤	23 山地剝 67.68.69籤	8 水地比 22.23.24籤	20 風地觀 58.59.60籤	16 雷地豫 46.47.48籤	35 火地晉 103.104.105籤	45 澤地萃 133.134.135籤	12 天地否 34.35.36籤	坤 地

第七節 你不是很喜歡抽籤算命嗎？

　　不管您週遭的任何號碼，如手機、電話、密碼、車牌、身份證號等，都有一定的吉凶運勢，像咱們常到廟裏抽籤，無非是想知道目前運勢吉凶，沒錯！當您抽完籤詩後即可論斷您所要問事的吉凶結果，如果您在抽籤的當時，心中誠心誠意，那所抽得的籤詩就會很準確，如果不誠則反之。

　　本書所提供的【數字對應】及【籤詩】所代表的是一種命中定數，雖說命不能改，運卻可以創造，如果您抽到的籤是吉籤則恭禧您。反之如果抽到不佳的籤，本書會教您如何改變不佳的運來趨吉避凶。

第三章

如何運用本書來卜卦

第一節　卜卦時該注意的事項

1.首先將雙手緊握置於胸前，如圖所示：

2.腦中先靜空冥想（深呼吸三次）。

3.先確定要詢問之問題（主題一定要明確，一次問單一問題）。

4.開始卜卦時先報上姓名、年齡、地址等基本資料（弟子有事請敎八卦祖師爺，而後開始默唸心中之問題唸完後）。

5.請八卦祖師爺示卦指示。

6.接著爲起卦（請參考第二節起卦方法）。

第二節　遇到事情如何問卦

A.問財運？

　　請問八卦祖師爺及孔明先師，我在幾月底以前財運好不好？（如沒下定日期就等於未來無限期，這樣問比較不準）。

B.問感情？

　　請問八卦祖師爺及孔明先師，我跟某某某的感情在一年後會不會比現在好？

　　或我跟某某某在什麼時候前會不會分手？

　　或我跟某某某的紛爭會不會解決？如果要卜男女朋友關係有兩個對象，到底要跟哪一個對象結婚較好，請分兩次來卜卦。

C.問家庭？

　　方法同上，問家中的問題在什麼時候會不會解決？

D.問工作？

方法同上，如果有多項工作供選擇哪一樣較好，請分開卜卦。

E.問事業合夥？

方法同上，我想跟某某合夥投資，不知財運好不好？

PS.切記！不管問任何問題儘量要有時間點或數量或單一且單純的是非題，絕不可以是選擇題。

第三節　如何來取卦

當問完問題後，請用以下三種方法之其中一種來取卦。

1.翻閱本書來取卦：

（請先設定取奇數頁或偶數頁）後直接翻本書。

如果第一次翻開為137頁=1+3+7=11

（取個位數就好）=1

第二次翻開為25頁=2+5=7

第三次翻開為211頁= 2+1 +1=4

共翻三次取為174請直接翻至174籤看解釋，如三碼超過384請減384直到小於384(此例以奇數頁為準)。

2.用手機按鍵法來取卦：

將手機置於正前方，閉上眼睛按數字鍵按第一次，手伸回後再按第二次，手伸回後再按第三次，最後張開眼睛看畫面數字是多少，就是籤數。

如果在384之內請直接查閱， 如超過384先減384後再查籤詩解釋。

3.文字筆劃占卜法：

請用正楷寫上心中第一刹那出現的三個字，筆劃超過十劃取個位數，如：

【標個會】〔標〕：15劃，〔個〕：10劃，〔會〕：13劃，取個位數為503，503-384=119，請直接查119籤。

如果不確定字的筆劃數，請查下一頁的文字筆劃備註區。

【卜卦要領】想問的問題不要設太廣泛，寧可分細一點多卜幾次。

再來是結果，所卜出的結果並不一定是最後的結果，因為人定勝天，不管是好籤或不佳之籤都只是參考而已，如果常心存善念，多說好話，心中不要有太多的怨恨，那好運鐵定很快就來。

第四節　文字筆劃查詢區

文字筆劃查詢區：

如有不知道所寫出的字是幾劃，請參考下表。

筆劃　2

丁乃了刀力二人又入

筆劃　3

口干三乞千大子下丈上久士夕小山巾丸凡于亡土女寸川工弓

筆劃　4

才丹內切天太斗欠歹牛四之尹井仁什仇仍今介升友及少尤引心手支斤日止牙不中云互元允公凶分勿化匹午反夫孔巴幻戶文方曰月木比毛水火父犬王市

筆劃　5

刊卡可叩甘禾且丘他代令司另囚奶它尼巧旦田立世以仕仙加占右叫史台央失市幼斥正生由甲申石示五丙主乏乎

付充兄冬出功包北半去古句外奴巨左布平弘必戌本未末母
民永玄玉瓜用白皮目矛

筆劃　6

合好考六打丟列地在字寺年早次此死老自色求安而耳
亦伊休件任仰先印吉向吃因守尖成收旨有羊肉臣至舌舟血
行衣西份光兇全共冰同吐名回多如存宇曲朱朵灰百竹米羽

筆劃　7

汗亨何克告含坎改旱更伺似但你低冷利呆圾妞孜廷弟
李材災男私良豆走里江池佑伸估即呈吵夾孝形役志忍戒杏
秀究系見角言赤身車辛辰忙托汝汗污串位住伴佛估作伯余
佈兌免兵別判助努吾否吧吳呂君困坊均坐壯妒妙妥完宋宏
局尾巫序床弄忘我攻杜步每谷貝足釆

筆劃　8

刻和庚投汽例來兩其典到垃坦奇妾妻定店底念林的采
青艾兒岸昂抄技找折沙沈玖事些享京依侍佳使制協卸受咒
周夜姐始姓姊季宜尚居幸延承昔易昌昇枝杰析欣炎炒爭直
知社糾者金長政八快把抓汪沐沖歿並乖供佰佩兔具刷卒卓
卦取味呼命固坡坤奉奔委妹姑孟孤宗官宛屈岳往彼忠或房

所放於旺明服朋東果杯枉武爬爸物狀

筆劃 9

河狗厚哈孩客很後柯看科革抬泣泥亭亮前南秋怡性招抽治信俠型城室幽建是星界皆省相紀耶致要計貞頁食首香肚育怖怪怕拌拒披拓拍抃抱拖注泳波沫法泡泊玩玫表便保俊俗欯冒冠削勇勉卻叛品垂娃威宣屋帥度律扁拜故春昨柱柏段泉爲癸皇盆眉盼秒穿突紅約美負軍重風飛

筆劃 10

肯恨哥害玲唐娘庭留豈十持珍乘値兼夏家師神站笑紗級紙記酒針閃隻芳哭恐恭旅書烏病眠破祕祟祖祝租粉素純紛缺翁衷訓配

筆劃 11

海乾夠康毫那胎挺浪停側偷參堂帶強彩得啓曹梁條梨牽甜第粒累聊蛋袋責貪頂鳥迎近假健商唱售堅基執將常張救教斜晨產異盛眼祥移細習設野章邦胖背胡胞范苦茂悟捐挫班珮珠做偉偏凰副務動區問唯國娶婦婚密專從御敗敏族旋晚梅爽率略畢衆票笨符粗統組終船處術被規訟販貨貧軟雀雪魚鹿麥麻

◆ 第三章　如何運用本書來卜卦 ◆

筆劃 12

喝堪寒敢給訶賀開黑邱能草探掉掃採掏振涼淡添淺清
淚淘猜球理勞喪單奠婷散晴曾替期森等策答紫詞貼跌量茶
接捷深淨現傑剩勝喜場壹幾晶景智朝植程結善翔視証診象
超趁間閒雅集防阮迫脆茫惟捧推排淑混備最創博報媚富尊
尋悲悶惠敦普棒無痛發短童筆絕註評訴貴買貶貿越跑辜雄
雲順黃

筆劃 13

幹感跟郎逆逃莉惻惱提湯測琴傾勤塞填塌廉慈殿當祺
禽梁肆裡賊資跳載鉛鈴鈿雷電零鼎豐裏奧愛揀揷揚湘債傷
勢嫁弒意想愁敬新業極煎照煞爺痴禁稚節經義羨聖舅解試
誠賈跡較阻送迷退追莫惰描握揮換湖圓塑塗塊媽微愚愈會
楚碎碰祿萬絹綁群蜂裙補裝裕誇話誅賄賂跨路雍預頑頓鼓
鼠

筆劃 14

歌豪趕連造透搭搜僧歉臺輕領齊降這著愼搖置兢厭嘗
塵境壽嫣實察彰暢疑盡監禎稱精緊製認誓銀通速逐逢途華
萌菊愧損溯源滅溫滑準瑞罪僕僱夥夢奪寞寡對幕榕榮犖獄

睡碧福禍種端管算綠維聞聚與舞蜜語誤說貌銅需鳴鳳麼鼻

筆劃 15

漢課靠慚慘漏厲增層彈德慶敵暫樓樂歎練談誕請調賜踏躺鬧黎餓陣陝週進葉摻演漸漲億儀價劇劍嬌寫廠影徵憂樣熟熱獎瞎箭緻緘線誼誰諍賞賤賢質銷震鞋養駛駕穎院除部郭都落葫董摔摸滾漠漂滿漁墳寬廢廟廣慧慮慾數暴盤範篇編緣衛衝論豎豬賠賦睹賣趣踪輝輩醉鋒閱餘駐髮魯福

筆劃 16

蓋墾橫糕翰衡鋼憨道達憎器壇導彊歷燈燙糖親諮賴錢頭餐陳陰陷郵鄉遊撐潔贏憲戰整曉機燒燕燃積穎縣興螢諧輯醒錫錦靜頰頸陪陸運逼違遇過遍蓉潑罵罷儒勳奮學憑盧瞞磨融諱諾謂輸辨辦錄頻館駕默龍龜塵

筆劃 17

憾懇購韓顆遣蓮蔡擇操擒擔澡罹勵嶺戴檀牆療瞭糟聯臨謙點陽遙膝膠蔣憶撿激優償嚐嚇壓嬰應戲擊癌禪績聲艱講謠謝醜鮮隊隆遠遜膚蔬蓬擁據濁儲幫彌懂糞縮總聰闊雖霜

筆劃 18

遭遷禮離雜題適蕭濟簡繞繡職舊謹蹟醫鎮雞顏鄘膨蕊獲環叢翻蟲覆豐轉鎖雙鞭鬆

筆劃 19

遼臉獵簾簽譚贈贊辭難類隙障際鄭薪識鏡遵選薄薇擴擺壞寵廬爆曚穫穩簿繪關靡韻願騙

筆劃 20

藏齡邀藉嚴獻競籌繼耀覺議警贏釋馨避還邁懷瓊羅勸寶懸觸

筆劃 21

鶴爛險藝藥懺響隨屬續蠢護躍轟辯顧魔

筆劃 22

藻疊聽髒隱攜懿邊懼灌彎權歡聾讀

筆劃 23

蘭灑灘戀籤體顯驚驗

筆劃 24

第五節　開運數字應用在產品定價上

例如有一項商品要定價多少，才比較容易賣掉呢？

經過多年印証，只要產品價格尾數有以下數字之商品都比較好賣，建議可以試看看。

13、28、34、41、43、49、62、68、78、87、93

舉例：某項商品本來訂價$1800元（不好賣）

後來改定價為1813元（比較好賣）

舉例：某項商品本來訂價$2800元（不好賣）

後來改定價為2680元（比較好賣）

舉例：某項商品本來訂價$16900元（不好賣）

後來改定價為16899元（比較好賣）

舉例：某項商品本來訂價$699元（不好賣）

後來改定價為693元（比較好賣）

第四章

數字吉凶查號區

查完吉凶籤號後
翻到後面看籤詩解釋
九十四頁～二八五頁

第一節　號碼尾數1～2碼查號區

如果您身邊的證件號碼最後【2】碼
是在 **0～99** 時，請對應以下籤詩號碼
當得知籤詩號碼後，請翻閱籤詩看解釋。

【0】上吉-查172籤	【10】下下-查129籤
【1】中中-查030籤	【11】上吉-查001籤
【2】下下-查174籤	【12】下下-查128籤
【3】下下-查112籤	【13】上吉-查041籤
【4】下下-查160籤	【14】下下-查102籤
【5】中中-查182籤	【15】上吉-查027籤
【6】上吉-查179籤	【16】上吉-查013籤
【7】中中-查123籤	【17】中中-查076籤
【8】上吉-查057籤	【18】下下-查032籤
【9】上吉-查028籤	【19】中中-查002籤

如果您身邊的證件號碼最後【2】碼
是在 0～99 時，請對應以下籤詩號碼
當得知籤詩號碼後，請翻閱籤詩看解釋。

【20】下下-查366籤	【30】下下-查145籤
【21】下下-查029籤	【31】下下-查038籤
【22】下下-查173籤	【32】上吉-查147籤
【23】下下-查114籤	【33】上吉-查090籤
【24】中中-查162籤	【34】上吉-查163籤
【25】上吉-查181籤	【35】下下-查109籤
【26】下下-查178籤	【36】下下-查188籤
【27】中中-查122籤	【37】上吉-查065籤
【28】上吉-查056籤	【38】下下-查108籤
【29】中中-查222籤	【39】上吉-查039籤

如果您身邊的證件號碼最後【2】碼

是在 0～99 時，請對應以下籤詩號碼

當得知籤詩號碼後，請翻閱籤詩看解釋。

【40】下下-查049籤	【50】下下-查083籤
【41】上吉-查075籤	【51】下下-查132籤
【42】上吉-查051籤	【52】中中-查082籤
【43】上吉-查061籤	【53】上吉-查148籤
【44】下下-查151籤	【54】下下-查095籤
【45】下下-查125籤	【55】上吉-查170籤
【46】上吉-查008籤	【56】上吉-查144籤
【47】下下-查081籤	【57】上吉-查054籤
【48】下下-查072籤	【58】上吉-查136籤
【49】上吉-查073籤	【59】下下-查058籤

◆ 學數字斷吉凶，這本最好用 ◆

如果您身邊的證件號碼最後【2】碼
是在 0～99 時，請對應以下籤詩號碼
當得知籤詩號碼後，請翻閱籤詩看解釋。

【60】上吉-查140籤	【70】下下-查093籤
【61】上吉-查016籤	【71】中中-查097籤
【62】上吉-查139籤	【72】下下-查092籤
【63】下下-查191籤	【73】中中-查167籤
【64】上吉-查119籤	【74】上吉-查186籤
【65】中中-查177籤	【75】中中-查159籤
【66】下下-查087籤	【76】下下-查115籤
【67】下下-查010籤	【77】中中-查154籤
【68】上吉-查019籤	【78】上吉-查044籤
【69】上吉-查017籤	【79】上吉-查098籤

◆ 第四章 數字吉凶查號區 ◆

如果您身邊的證件號碼最後【2】碼
是在 0～99 時，請對應以下籤詩號碼
當得知籤詩號碼後，請翻閱籤詩看解釋。

【80】中中-查135籤	【90】下下-查127籤
【81】下下-查035籤	【91】中中-查194籤
【82】中中-查134籤	【92】下下-查321籤
【83】中中-查105籤	【93】上吉-查042籤
【84】下下-查048籤	【94】下下-查100籤
【85】下下-查058籤	【95】上吉-查025籤
【86】中中-查022籤	【96】上吉-查014籤
【87】上吉-查068籤	【97】下下-查077籤
【88】下下-查005籤	【98】上吉-查033籤
【89】下下-查036籤	【99】下下-查003籤

第二節　號碼尾數3碼查號區

如果您身邊的證件號碼最後【3】碼

是在 **100～999** 時，請對應以下籤詩號碼

當得知籤詩號碼後，請翻閱籤詩看解釋。

【100】上吉-查364籤	【110】中中-查146籤
【101】中中-查030籤	【111】上吉-查231籤
【102】下下-查174籤	【112】下下-查337籤
【103】下下-查304籤	【113】上吉-查088籤
【104】下下-查352籤	【114】下下-查164籤
【105】中中-查374籤	【115】上吉-查110籤
【106】上吉-查371籤	【116】上吉-查189籤
【107】中中-查315籤	【117】上吉-查066籤
【108】上吉-查249籤	【118】中中-查106籤
【109】上吉-查220籤	【119】上吉-查037籤

如果您身邊的證件號碼最後【3】碼
是在 100～999 時，請對應以下籤詩號碼
當得知籤詩號碼後，請翻閱籤詩看解釋。

【120】下下-查050籤	【130】中中-查084籤
【121】上吉-查265籤	【131】下下-查322籤
【122】下下-查241籤	【132】下下-查275籤
【123】上吉-查062籤	【133】下下-查149籤
【124】上吉-查152籤	【134】下下-查096籤
【125】上吉-查126籤	【135】下下-查171籤
【126】下下-查009籤	【136】中中-查142籤
【127】下下-查079籤	【137】上吉-查052籤
【128】上吉-查070籤	【138】上吉-查137籤
【129】下下-查074籤	【139】下下-查131籤

如果您身邊的證件號碼最後【3】碼
是在 100～999 時，請對應以下籤詩號碼
當得知籤詩號碼後，請翻閱籤詩看解釋。

【140】下下-查141籤	【150】中中-查091籤
【141】上吉-查209籤	【151】上吉-查290籤
【142】上吉-查332籤	【152】下下-查285籤
【143】上吉-查192籤	【153】中中-查168籤
【144】上吉-查120籤	【154】下下-查184籤
【145】上吉-查175籤	【155】上吉-查157籤
【146】下下-查085籤	【156】下下-查116籤
【147】下下-查011籤	【157】中中-查155籤
【148】下下-查020籤	【158】下下-查045籤
【149】上吉-查018籤	【159】上吉-查099籤

如果您身邊的證件號碼最後【3】碼

是在 100～999 時，請對應以下籤詩號碼

當得知籤詩號碼後，請翻閱籤詩看解釋。

【160】上吉-查133籤	【170】下下-查320籤
【161】下下-查228籤	【171】下下-查195籤
【162】中中-查327籤	【172】下下-查319籤
【163】上吉-查103籤	【173】上吉-查040籤
【164】中中-查046籤	【174】下下-查101籤
【165】上吉-查059籤	【175】中中-查026籤
【166】下下-查023籤	【176】中中-查015籤
【167】中中-查069籤	【177】上吉-查078籤
【168】下下-查006籤	【178】上吉-查031籤
【169】上吉-查034籤	【179】上吉-查193籤

如果您身邊的證件號碼最後【3】碼
是在 100～999 時，請對應以下籤詩號碼
當得知籤詩號碼後，請翻閱籤詩看解釋。

【180】下下-查365籤	【190】上吉-查339籤
【181】上吉-查028籤	【191】上吉-查229籤
【182】上吉-查172籤	【192】中中-查338籤
【183】下下-查113籤	【193】下下-查089籤
【184】中中-查161籤	【194】下下-查165籤
【185】上吉-查183籤	【195】上吉-查111籤
【186】下下-查180籤	【196】上吉-查187籤
【187】下下-查121籤	【197】上吉-查064籤
【188】上吉-查055籤	【198】上吉-查107籤
【189】下下-查221籤	【199】下下-查230籤

如果您身邊的證件號碼最後【3】碼
是在 100～999 時，請對應以下籤詩號碼
當得知籤詩號碼後，請翻閱籤詩看解釋。

【200】上吉-查243籤	【210】中中-查274籤
【201】下下-查266籤	【211】下下-查323籤
【202】下下-查242籤	【212】中中-查276籤
【203】下下-查063籤	【213】上吉-查150籤
【204】下下-查153籤	【214】下下-查094籤
【205】上吉-查124籤	【215】下下-查169籤
【206】上吉-查007籤	【216】下下-查143籤
【207】下下-查080籤	【217】中中-查053籤
【208】上吉-查071籤	【218】上吉-查138籤
【209】上吉-查267籤	【219】下下-查324籤

◆ 學數字斷吉凶，這本最好用 ◆

如果您身邊的證件號碼最後【3】碼

是在 100～999 時，請對應以下籤詩號碼

當得知籤詩號碼後，請翻閱籤詩看解釋。

【220】上吉-查331籤	【230】下下-查284籤
【221】上吉-查210籤	【231】上吉-查291籤
【222】下下-查333籤	【232】中中-查283籤
【223】中中-查190籤	【233】上吉-查166籤
【224】上吉-查118籤	【234】下下-查185籤
【225】中中-查176籤	【235】上吉-查158籤
【226】上吉-查086籤	【236】中中-查117籤
【227】下下-查012籤	【237】上吉-查156籤
【228】上吉-查021籤	【238】下下-查043籤
【229】上吉-查208籤	【239】中中-查289籤

如果您身邊的證件號碼最後【3】碼

是在 100～999 時，請對應以下籤詩號碼

當得知籤詩號碼後，請翻閱籤詩看解釋。

【240】中中-查326籤	【250】下下-查129籤
【241】上吉-查226籤	【251】上吉-查001籤
【242】上吉-查325籤	【252】下下-查128籤
【243】上吉-查104籤	【253】上吉-查233籤
【244】上吉-查047籤	【254】下下-查294籤
【245】下下-查060籤	【255】上吉-查219籤
【246】下下-查024籤	【256】上吉-查205籤
【247】下下-查067籤	【257】中中-查268籤
【248】上吉-查004籤	【258】下下-查224籤
【249】下下-查227籤	【259】中中-查002籤

如果您身邊的證件號碼最後【3】碼
是在 100～999 時，請對應以下籤詩號碼
當得知籤詩號碼後，請翻閱籤詩看解釋。

【260】下下-查366籤	【270】下下-查145籤
【261】下下-查029籤	【271】下下-查038籤
【262】下下-查173籤	【272】上吉-查147籤
【263】下下-查306籤	【273】上吉-查282籤
【264】中中-查354籤	【274】上吉-查270籤
【265】上吉-查373籤	【275】下下-查301籤
【266】下下-查370籤	【276】下下-查380籤
【267】中中-查314籤	【277】上吉-查257籤
【268】上吉-查248籤	【278】下下-查300籤
【269】中中-查222籤	【279】上吉-查039籤

如果您身邊的證件號碼最後【3】碼

是在 100～999 時，請對應以下籤詩號碼

當得知籤詩號碼後，請翻閱籤詩看解釋。

【280】下下-查049籤	【290】下下-查083籤
【281】上吉-查075籤	【291】下下-查132籤
【282】上吉-查051籤	【292】中中-查082籤
【283】上吉-查253籤	【293】上吉-查340籤
【284】下下-查343籤	【294】下下-查287籤
【285】下下-查317籤	【295】上吉-查362籤
【286】上吉-查200籤	【296】上吉-查336籤
【287】下下-查273籤	【297】上吉-查246籤
【288】下下-查264籤	【298】上吉-查328籤
【289】上吉-查073籤	【299】中中-查130籤

如果您身邊的證件號碼最後【3】碼

是在 100～999 時，請對應以下籤詩號碼

當得知籤詩號碼後，請翻閱籤詩看解釋。

【300】上吉-查140籤	【310】下下-查093籤
【301】上吉-查016籤	【311】中中-查097籤
【302】上吉-查139籤	【312】下下-查092籤
【303】下下-查383籤	【313】中中-查359籤
【304】上吉-查311籤	【314】上吉-查378籤
【305】中中-查369籤	【315】中中-查351籤
【306】下下-查279籤	【316】下下-查307籤
【307】下下-查202籤	【317】中中-查346籤
【308】上吉-查211籤	【318】上吉-查236籤
【309】上吉-查017籤	【319】上吉-查098籤

如果您身邊的證件號碼最後【3】碼
是在 100～999 時，請對應以下籤詩號碼
當得知籤詩號碼後，請翻閱籤詩看解釋。

【320】中中-查135籤	【330】下下-查127籤
【321】下下-查035籤	【331】中中-查194籤
【322】中中-查134籤	【332】下下-查321籤
【323】中中-查297籤	【333】上吉-查234籤
【324】下下-查240籤	【334】下下-查292籤
【325】下下-查250籤	【335】上吉-查217籤
【326】中中-查214籤	【336】上吉-查206籤
【327】上吉-查260籤	【337】下下-查269籤
【328】下下-查197籤	【338】上吉-查225籤
【329】下下-查036籤	【339】下下-查003籤

如果您身邊的證件號碼最後【3】碼
是在 100～999 時，請對應以下籤詩號碼
當得知籤詩號碼後，請翻閱籤詩看解釋。

【340】上吉-查364籤	【350】中中-查146籤
【341】中中-查030籤	【351】上吉-查231籤
【342】下下-查174籤	【352】下下-查337籤
【343】下下-查112籤	【353】上吉-查280籤
【344】下下-查160籤	【354】下下-查356籤
【345】中中-查182籤	【355】上吉-查302籤
【346】上吉-查179籤	【356】上吉-查381籤
【347】中中-查123籤	【357】上吉-查258籤
【348】上吉-查057籤	【358】中中-查298籤
【349】上吉-查220籤	【359】上吉-查037籤

如果您身邊的證件號碼最後【3】碼
是在 100～999 時，請對應以下籤詩號碼
當得知籤詩號碼後，請翻閱籤詩看解釋。

【360】下下-查050籤	【370】中中-查084籤
【361】上吉-查265籤	【371】下下-查322籤
【362】下下-查241籤	【372】下下-查275籤
【363】上吉-查254籤	【373】下下-查341籤
【364】上吉-查344籤	【374】下下-查288籤
【365】上吉-查318籤	【375】下下-查363籤
【366】下下-查201籤	【376】中中-查334籤
【367】下下-查271籤	【377】上吉-查244籤
【368】上吉-查262籤	【378】上吉-查329籤
【369】下下-查074籤	【379】下下-查131籤

如果您身邊的證件號碼最後【3】碼
是在 100～999 時，請對應以下籤詩號碼
當得知籤詩號碼後，請翻閱籤詩看解釋。

【380】下下-查141籤	【390】中中-查091籤
【381】上吉-查209籤	【391】上吉-查290籤
【382】上吉-查332籤	【392】下下-查285籤
【383】上吉-查384籤	【393】中中-查360籤
【384】上吉-查312籤	【394】下下-查376籤
【385】上吉-查367籤	【395】上吉-查349籤
【386】下下-查277籤	【396】下下-查308籤
【387】下下-查203籤	【397】中中-查347籤
【388】下下-查212籤	【398】下下-查237籤
【389】上吉-查018籤	【399】上吉-查099籤

如果您身邊的證件號碼最後【3】碼

是在 100～999 時，請對應以下籤詩號碼

當得知籤詩號碼後，請翻閱籤詩看解釋。

【400】上吉-查133籤	【410】下下-查320籤
【401】下下-查228籤	【411】下下-查195籤
【402】中中-查327籤	【412】下下-查319籤
【403】上吉-查295籤	【413】上吉-查232籤
【404】中中-查238籤	【414】下下-查293籤
【405】上吉-查251籤	【415】中中-查218籤
【406】下下-查215籤	【416】中中-查207籤
【407】中中-查268籤	【417】上吉-查270籤
【408】下下-查198籤	【418】上吉-查223籤
【409】上吉-查034籤	【419】上吉-查193籤

如果您身邊的證件號碼最後【3】碼

是在 100～999 時，請對應以下籤詩號碼

當得知籤詩號碼後，請翻閱籤詩看解釋。

【420】下下-查365籤	【430】上吉-查339籤
【421】上吉-查028籤	【431】上吉-查229籤
【422】上吉-查172籤	【432】中中-查338籤
【423】下下-查305籤	【433】下下-查281籤
【424】中中-查353籤	【434】下下-查357籤
【425】上吉-查375籤	【435】上吉-查303籤
【426】下下-查372籤	【436】上吉-查379籤
【427】下下-查313籤	【437】上吉-查256籤
【428】上吉-查247籤	【438】上吉-查299籤
【229】下下-查221籤	【439】下下-查230籤

如果您身邊的證件號碼最後【3】碼
是在 100～999 時，請對應以下籤詩號碼
當得知籤詩號碼後，請翻閱籤詩看解釋。

【440】上吉-查243籤	【450】中中-查274籤
【441】下下-查266籤	【451】下下-查323籤
【442】下下-查242籤	【452】中中-查276籤
【443】下下-查255籤	【453】上吉-查342籤
【444】下下-查345籤	【454】下下-查286籤
【445】上吉-查316籤	【455】下下-查361籤
【446】上吉-查199籤	【456】下下-查335籤
【447】下下-查272籤	【457】中中-查245籤
【448】上吉-查263籤	【458】上吉-查330籤
【449】上吉-查267籤	【459】下下-查324籤

如果您身邊的證件號碼最後【3】碼

是在 100～999 時，請對應以下籤詩號碼

當得知籤詩號碼後，請翻閱籤詩看解釋。

【460】上吉-查331籤	【470】下下-查284籤
【461】上吉-查210籤	【471】上吉-查291籤
【462】下下-查333籤	【472】中中-查283籤
【463】中中-查382籤	【473】上吉-查358籤
【464】上吉-查310籤	【474】下下-查377籤
【465】中中-查368籤	【475】上吉-查350籤
【466】上吉-查278籤	【476】中中-查309籤
【467】下下-查204籤	【477】上吉-查348籤
【468】上吉-查213籤	【478】下下-查235籤
【469】上吉-查208籤	【479】中中-查289籤

如果您身邊的證件號碼最後【3】碼

是在 100～999 時，請對應以下籤詩號碼

當得知籤詩號碼後，請翻閱籤詩看解釋。

【480】中中-查326籤	【490】下下-查129籤
【481】上吉-查226籤	【491】上吉-查001籤
【482】上吉-查325籤	【492】下下-查128籤
【483】上吉-查296籤	【493】上吉-查041籤
【484】上吉-查239籤	【494】下下-查102籤
【485】下下-查252籤	【495】上吉-查027籤
【486】下下-查216籤	【496】上吉-查013籤
【487】下下-查259籤	【497】中中-查076籤
【488】上吉-查196籤	【498】下下-查032籤
【489】下下-查227籤	【499】中中-查002籤

如果您身邊的證件號碼最後【3】碼

是在 100～999 時，請對應以下籤詩號碼

當得知籤詩號碼後，請翻閱籤詩看解釋。

【500】下下-查366籤	【510】下下-查145籤
【501】下下-查029籤	【511】下下-查038籤
【502】下下-查173籤	【512】上吉-查147籤
【503】下下-查114籤	【513】上吉-查090籤
【504】中中-查162籤	【514】上吉-查163籤
【505】上吉-查181籤	【515】下下-查109籤
【506】下下-查178籤	【516】下下-查188籤
【507】中中-查122籤	【517】上吉-查065籤
【508】上吉-查056籤	【518】下下-查108籤
【509】中中-查222籤	【519】上吉-查039籤

如果您身邊的證件號碼最後【3】碼
是在 100～999 時，請對應以下籤詩號碼
當得知籤詩號碼後，請翻閱籤詩看解釋。

【520】下下-查049籤	【530】下下-查083籤
【521】上吉-查075籤	【531】下下-查132籤
【522】上吉-查051籤	【532】中中-查082籤
【523】上吉-查061籤	【533】上吉-查148籤
【524】下下-查151籤	【534】下下-查095籤
【525】下下-查125籤	【535】上吉-查170籤
【526】上吉-查008籤	【536】上吉-查144籤
【527】下下-查081籤	【537】上吉-查054籤
【528】下下-查072籤	【538】上吉-查136籤
【529】上吉-查073籤	【539】下下-查130籤

如果您身邊的證件號碼最後【3】碼

是在 100～999 時，請對應以下籤詩號碼

當得知籤詩號碼後，請翻閱籤詩看解釋。

【540】上吉-查140籤	【550】下下-查093籤
【541】上吉-查016籤	【551】中中-查097籤
【542】上吉-查139籤	【552】下下-查092籤
【543】下下-查191籤	【553】中中-查167籤
【544】上吉-查119籤	【554】上吉-查186籤
【545】中中-查177籤	【555】中中-查159籤
【546】下下-查087籤	【556】下下-查115籤
【547】下下-查010籤	【557】中中-查154籤
【548】上吉-查019籤	【558】上吉-查044籤
【549】上吉-查017籤	【559】上吉-查098籤

如果您身邊的證件號碼最後【3】碼

是在 100～999 時，請對應以下籤詩號碼

當得知籤詩號碼後，請翻閱籤詩看解釋。

【560】中中-查135籤	【570】下下-查127籤
【561】下下-查035籤	【571】中中-查194籤
【562】中中-查134籤	【572】下下-查321籤
【563】中中-查105籤	【573】上吉-查042籤
【564】下下-查048籤	【574】下下-查100籤
【565】下下-查058籤	【575】上吉-查025籤
【566】中中-查022籤	【576】上吉-查014籤
【567】上吉-查068籤	【577】下下-查077籤
【568】下下-查005籤	【578】上吉-查033籤
【569】下下-查036籤	【579】下下-查003籤

如果您身邊的證件號碼最後【3】碼
是在 100～999 時，請對應以下籤詩號碼
當得知籤詩號碼後，請翻閱籤詩看解釋。

【580】上吉-查364籤	【590】中中-查146籤
【581】中中-查030籤	【591】上吉-查231籤
【582】下下-查174籤	【592】下下-查337籤
【583】下下-查304籤	【593】上吉-查088籤
【584】下下-查352籤	【594】下下-查164籤
【585】中中-查374籤	【595】上吉-查110籤
【586】上吉-查371籤	【596】上吉-查189籤
【587】中中-查315籤	【597】上吉-查066籤
【588】上吉-查249籤	【598】中中-查106籤
【589】上吉-查220籤	【599】上吉-查037籤

如果您身邊的證件號碼最後【3】碼
是在 100～999 時，請對應以下籤詩號碼
當得知籤詩號碼後，請翻閱籤詩看解釋。

【600】下下-查050籤	【610】中中-查084籤
【601】上吉-查265籤	【611】下下-查322籤
【602】下下-查241籤	【612】下下-查275籤
【603】上吉-查062籤	【613】下下-查149籤
【604】上吉-查152籤	【614】下下-查096籤
【605】上吉-查126籤	【615】下下-查171籤
【606】下下-查009籤	【616】中中-查142籤
【607】下下-查079籤	【617】上吉-查052籤
【608】上吉-查070籤	【618】上吉-查137籤
【609】下下-查074籤	【619】下下-查131籤

如果您身邊的證件號碼最後【3】碼
是在 100～999 時，請對應以下籤詩號碼
當得知籤詩號碼後，請翻閱籤詩看解釋。

【620】下下-查141籤	【630】中中-查091籤
【621】上吉-查209籤	【631】上吉-查290籤
【622】上吉-查332籤	【632】下下-查285籤
【623】上吉-查192籤	【633】中中-查168籤
【624】上吉-查120籤	【634】下下-查184籤
【625】上吉-查175籤	【635】上吉-查157籤
【626】下下-查085籤	【636】下下-查116籤
【627】下下-查011籤	【637】中中-查155籤
【628】下下-查020籤	【638】下下-查045籤
【629】上吉-查018籤	【639】上吉-查099籤

如果您身邊的證件號碼最後【3】碼
是在 100～999 時，請對應以下籤詩號碼
當得知籤詩號碼後，請翻閱籤詩看解釋。

【640】上吉-查133籤	【650】下下-查320籤
【641】下下-查228籤	【651】下下-查195籤
【642】中中-查327籤	【652】下下-查319籤
【643】上吉-查103籤	【653】上吉-查040籤
【644】中中-查046籤	【654】下下-查101籤
【645】上吉-查059籤	【655】中中-查026籤
【646】下下-查023籤	【656】中中-查015籤
【647】中中-查069籤	【657】上吉-查078籤
【648】下下-查006籤	【658】上吉-查031籤
【649】上吉-查034籤	【659】上吉-查193籤

◆學數字斷吉凶，這本最好用◆

如果您身邊的證件號碼最後【3】碼

是在 100～999 時，請對應以下籤詩號碼

當得知籤詩號碼後，請翻閱籤詩看解釋。

【660】下下-查365籤	【670】上吉-查339籤
【661】上吉-查028籤	【671】上吉-查229籤
【662】上吉-查172籤	【672】中中-查338籤
【663】下下-查113籤	【673】下下-查089籤
【664】中中-查161籤	【674】下下-查165籤
【665】上吉-查183籤	【675】上吉-查111籤
【666】下下-查180籤	【676】上吉-查187籤
【667】下下-查121籤	【677】上吉-查064籤
【668】上吉-查055籤	【678】上吉-查107籤
【669】下下-查221籤	【679】下下-查230籤

如果您身邊的證件號碼最後【3】碼
是在 100～999 時，請對應以下籤詩號碼
當得知籤詩號碼後，請翻閱籤詩看解釋。

【680】上吉-查243籤	【690】中中-查274籤
【681】下下-查266籤	【691】下下-查323籤
【682】下下-查242籤	【692】中中-查276籤
【683】下下-查063籤	【693】上吉-查150籤
【684】下下-查153籤	【694】下下-查094籤
【685】上吉-查124籤	【695】下下-查169籤
【686】上吉-查007籤	【696】下下-查143籤
【687】下下-查080籤	【697】中中-查053籤
【688】上吉-查071籤	【698】上吉-查138籤
【689】上吉-查267籤	【699】下下-查324籤

如果您身邊的證件號碼最後【3】碼
是在 100～999 時，請對應以下籤詩號碼
當得知籤詩號碼後，請翻閱籤詩看解釋。

【700】上吉-查331籤	【710】下下-查284籤
【701】上吉-查210籤	【711】上吉-查291籤
【702】下下-查333籤	【712】中中-查283籤
【703】中中-查190籤	【713】上吉-查166籤
【704】上吉-查118籤	【714】下下-查185籤
【705】中中-查176籤	【715】上吉-查158籤
【706】上吉-查086籤	【716】中中-查117籤
【707】下下-查012籤	【717】上吉-查156籤
【708】上吉-查021籤	【718】下下-查043籤
【709】上吉-查208籤	【719】中中-查289籤

如果您身邊的證件號碼最後【3】碼

是在 100～999 時，請對應以下籤詩號碼

當得知籤詩號碼後，請翻閱籤詩看解釋。

【720】中中-查326籤	【730】下下-查129籤
【721】上吉-查226籤	【731】上吉-查001籤
【722】上吉-查325籤	【732】下下-查128籤
【723】上吉-查104籤	【733】上吉-查233籤
【724】上吉-查047籤	【734】下下-查294籤
【725】下下-查060籤	【735】上吉-查219籤
【726】下下-查024籤	【736】上吉-查205籤
【727】下下-查067籤	【737】中中-查268籤
【728】上吉-查004籤	【738】下下-查224籤
【729】下下-查227籤	【739】中中-查002籤

如果您身邊的證件號碼最後【3】碼

是在 100～999 時，請對應以下籤詩號碼

當得知籤詩號碼後，請翻閱籤詩看解釋。

【740】下下-查366籤	【750】下下-查145籤
【741】下下-查029籤	【751】下下-查038籤
【742】下下-查173籤	【752】上吉-查147籤
【743】下下-查306籤	【753】上吉-查282籤
【744】中中-查354籤	【754】上吉-查355籤
【745】上吉-查373籤	【755】下下-查301籤
【746】下下-查370籤	【756】下下-查380籤
【747】中中-查314籤	【757】上吉-查257籤
【748】上吉-查248籤	【758】下下-查300籤
【749】中中-查222籤	【759】上吉-查039籤

如果您身邊的證件號碼最後【3】碼

是在 100～999 時，請對應以下籤詩號碼

當得知籤詩號碼後，請翻閱籤詩看解釋。

【760】下下-查049籤	【770】下下-查083籤
【761】上吉-查075籤	【771】下下-查132籤
【762】上吉-查051籤	【772】中中-查082籤
【763】上吉-查253籤	【773】上吉-查340籤
【764】下下-查343籤	【774】下下-查287籤
【765】下下-查317籤	【775】上吉-查362籤
【766】上吉-查200籤	【776】上吉-查336籤
【767】下下-查273籤	【777】上吉-查246籤
【768】下下-查264籤	【778】上吉-查328籤
【769】上吉-查073籤	【779】下下-查130籤

如果您身邊的證件號碼最後【3】碼
是在 100～999 時，請對應以下籤詩號碼
當得知籤詩號碼後，請翻閱籤詩看解釋。

【780】上吉-查140籤	【790】下下-查093籤
【781】上吉-查016籤	【791】中中-查097籤
【782】上吉-查139籤	【792】下下-查092籤
【783】下下-查383籤	【793】中中-查359籤
【784】上吉-查311籤	【794】上吉-查378籤
【785】中中-查369籤	【795】中中-查351籤
【786】下下-查279籤	【796】下下-查307籤
【787】下下-查202籤	【797】中中-查346籤
【788】上吉-查211籤	【798】上吉-查236籤
【789】上吉-查017籤	【799】上吉-查098籤

如果您身邊的證件號碼最後【3】碼
是在 100～999 時，請對應以下籤詩號碼
當得知籤詩號碼後，請翻閱籤詩看解釋。

【800】中中-查135籤	【810】下下-查127籤
【801】下下-查035籤	【811】中中-查194籤
【802】中中-查134籤	【812】下下-查321籤
【803】中中-查297籤	【813】上吉-查234籤
【804】下下-查240籤	【814】下下-查292籤
【805】下下-查250籤	【815】上吉-查217籤
【806】中中-查214籤	【816】上吉-查206籤
【807】上吉-查260籤	【817】下下-查269籤
【808】下下-查197籤	【818】上吉-查225籤
【809】下下-查036籤	【819】下下-查003籤

如果您身邊的證件號碼最後【3】碼

是在 100～999 時，請對應以下籤詩號碼

當得知籤詩號碼後，請翻閱籤詩看解釋。

【820】上吉-查364籤	【830】中中-查146籤
【821】中中-查030籤	【831】上吉-查231籤
【822】下下-查174籤	【832】下下-查337籤
【823】下下-查112籤	【833】上吉-查280籤
【824】下下-查160籤	【834】下下-查356籤
【825】中中-查182籤	【835】上吉-查302籤
【826】上吉-查179籤	【836】上吉-查381籤
【827】中中-查123籤	【837】上吉-查258籤
【828】上吉-查057籤	【838】中中-查298籤
【829】上吉-查220籤	【839】上吉-查037籤

如果您身邊的證件號碼最後【3】碼

是在 100～999 時，請對應以下籤詩號碼

當得知籤詩號碼後，請翻閱籤詩看解釋。

【840】下下-查050籤	【850】中中-查084籤
【841】上吉-查265籤	【851】下下-查322籤
【842】下下-查241籤	【852】下下-查275籤
【843】上吉-查254籤	【853】下下-查341籤
【844】上吉-查344籤	【854】下下-查288籤
【845】上吉-查318籤	【855】下下-查363籤
【846】下下-查201籤	【856】中中-查334籤
【847】下下-查271籤	【857】上吉-查244籤
【848】上吉-查262籤	【858】上吉-查329籤
【849】下下-查074籤	【859】下下-查131籤

如果您身邊的證件號碼最後【3】碼
是在 100～999 時，請對應以下籤詩號碼
當得知籤詩號碼後，請翻閱籤詩看解釋。

【860】下下-查141籤	【870】中中-查091籤
【861】上吉-查209籤	【871】上吉-查290籤
【862】中中-查332籤	【872】下下-查285籤
【863】上吉-查384籤	【873】中中-查360籤
【864】上吉-查312籤	【874】上吉-查376籤
【865】上吉-查367籤	【875】上吉-查349籤
【866】下下-查277籤	【876】下下-查308籤
【867】下下-查203籤	【877】中中-查347籤
【868】下下-查212籤	【878】下下-查237籤
【869】上吉-查018籤	【879】上吉-查099籤

◆ 第四章　數字吉凶查號區 ◆

如果您身邊的證件號碼最後【3】碼

是在 100～999 時，請對應以下籤詩號碼

當得知籤詩號碼後，請翻閱籤詩看解釋。

【880】上吉-查133籤	【890】下下-查320籤
【881】下下-查228籤	【891】下下-查195籤
【882】中中-查327籤	【892】下下-查319籤
【883】上吉-查295籤	【893】上吉-查232籤
【884】中中-查238籤	【894】下下-查293籤
【885】上吉-查251籤	【895】中中-查218籤
【886】下下-查215籤	【896】中中-查207籤
【887】中中-查245籤	【897】上吉-查270籤
【888】下下-查198籤	【898】上吉-查223籤
【889】上吉-查034籤	【899】上吉-查193籤

如果您身邊的證件號碼最後【3】碼
是在 100～999 時，請對應以下籤詩號碼
當得知籤詩號碼後，請翻閱籤詩看解釋。

【900】下下-查365籤	【910】上吉-查339籤
【901】上吉-查028籤	【911】上吉-查229籤
【902】上吉-查172籤	【912】中中-查338籤
【903】下下-查305籤	【913】下下-查281籤
【904】中中-查353籤	【914】下下-查357籤
【905】上吉-查375籤	【915】上吉-查303籤
【906】下下-查372籤	【916】上吉-查379籤
【907】下下-查313籤	【917】上吉-查256籤
【908】上吉-查247籤	【918】上吉-查299籤
【909】下下-查221籤	【919】下下-查230籤

如果您身邊的證件號碼最後【3】碼

是在 100～999 時，請對應以下籤詩號碼

當得知籤詩號碼後，請翻閱籤詩看解釋。

【920】上吉-查243籤	【930】中中-查274籤
【921】下下-查266籤	【931】下下-查323籤
【922】下下-查242籤	【932】中中-查276籤
【923】下下-查255籤	【933】上吉-查342籤
【924】下下-查345籤	【934】下下-查286籤
【925】上吉-查316籤	【935】下下-查361籤
【926】上吉-查199籤	【936】下下-查335籤
【927】下下-查272籤	【937】中中-查245籤
【928】上吉-查263籤	【938】上吉-查330籤
【929】上吉-查267籤	【939】下下-查324籤

如果您身邊的證件號碼最後【3】碼
是在 100～999 時，請對應以下籤詩號碼
當得知籤詩號碼後，請翻閱籤詩看解釋。

【940】上吉-查331籤	【950】下下-查284籤
【941】上吉-查210籤	【951】上吉-查291籤
【942】下下-查333籤	【952】中中-查283籤
【943】中中-查382籤	【953】上吉-查358籤
【944】上吉-查310籤	【954】下下-查377籤
【945】中中-查368籤	【955】上吉-查350籤
【946】上吉-查278籤	【956】中中-查309籤
【947】下下-查204籤	【957】上吉-查348籤
【948】上吉-查213籤	【958】下下-查235籤
【949】上吉-查208籤	【959】中中-查289籤

如果您身邊的證件號碼最後【3】碼

是在 100～999 時，請對應以下籤詩號碼

當得知籤詩號碼後，請翻閱籤詩看解釋。

【960】中中-查326籤	【970】下下-查129籤
【961】上吉-查226籤	【971】上吉-查001籤
【962】上吉-查325籤	【972】下下-查128籤
【963】上吉-查296籤	【973】上吉-查041籤
【964】上吉-查239籤	【974】下下-查102籤
【965】下下-查252籤	【975】上吉-查027籤
【966】下下-查216籤	【976】上吉-查013籤
【967】下下-查259籤	【977】中中-查076籤
【968】上吉-查196籤	【978】下下-查032籤
【969】下下-查227籤	【979】中中-查002籤

如果您身邊的證件號碼最後【3】碼

是在 100～999 時，請對應以下籤詩號碼

當得知籤詩號碼後，請翻閱籤詩看解釋。

【980】下下-查366籤	【990】下下-查145籤
【981】下下-查029籤	【991】下下-查038籤
【982】下下-查173籤	【992】上吉-查147籤
【983】下下-查114籤	【993】上吉-查090籤
【984】中中-查162籤	【994】上吉-查163籤
【985】上吉-查181籤	【995】下下-查109籤
【986】下下-查178籤	【996】下下-查188籤
【987】中中-查122籤	【997】上吉-查065籤
【988】上吉-查056籤	【998】下下-查108籤
【989】中中-查222籤	【999】上吉-查039籤

第五章

數字籤號吉凶論斷解釋區

第一節　第1籤到第50籤吉凶論斷區

第001籤　上吉籤

從您本身相關的數字或卜卦所得數字，在以下各方面得分

財運得85分　　氣運逐漸顯達，宜加緊準備，成功在望。

事業得75分　　此時是事業的開端，增進實力蓄勢待發，等待有利時機，不宜貿然進行。

家庭得80分　　宜互相容忍，增進彼此溝通互動，將可幸福美滿。

愛情得75分　　可得天賜佳偶，但目前還不是向對方表白的最佳時機。

以下僅以　◎=最佳　○=佳　△=平　X=差
投機運○　工作運△　未來運◎

第002籤　中中籤

從您本身相關的數字或卜卦所得數字，在以下各方面得分

財運得60分　　氣運不穩，處處凶險，幸只會有小損失，大事無礙。

事業得60分　　前景出現一片危機，所幸有良好根基，可安然渡過險境。

家庭得60分　　無風不起浪，應妥善處理家中爭執，終能逢凶化吉。

愛情得60分　　感情出現變化，憂煩交集，理性處之，反而能考驗愛情真誠。

以下僅以　◎=最佳　○=佳　△=平　X=差
投機運○　工作運△　未來運◎

第003籤 下下籤

從您本身相關的數字或卜卦所得數字，在以下各方面得分

財運得58分 由盛轉衰，挫折難免，若能及時領悟，尚能轉危為安。

事業得55分 經營遭遇困難，有失敗的危險，慎思而行，避免陷入窘境。

家庭得40分 家庭經濟不善規劃，開銷過度造成舉債度日。

愛情得50分 感情太過豐富，反易為情所苦，若能領悟其中方能脫離迷惘困境。

以下僅以 ◎＝最佳 ○＝佳 △＝平 Ｘ＝差
投機運Ｘ 工作運Ｘ 未來運Ｘ

第004籤 上吉籤

從您本身相關的數字或卜卦所得數字，在以下各方面得分

財運得85分 現在正值實現願望的最佳時機，能確實掌握、及早行事，將財源廣進。

事業得89分 掌握恰當時機，積極進行，勇於任事，聽信忠言，則能順利成功。

家庭得85分 生活漸入佳境，若能增加聚會時光，則能和樂融融，美滿幸福。

愛情得89分 得到愛神的眷顧，陶醉在愛河中充滿幸福，情場得意。

以下僅以 ◎＝最佳 ○＝佳 △＝平 Ｘ＝差
投機運◎ 工作運◎ 未來運◎

第005籤 下下籤

財運得50分　有意突破困境，但方法錯誤，可能導致嚴重後果。

事業得55分　想轉換投資途徑，獨立經營，卻遇更大困難，須小心應付。

家庭得50分　想脫離家中紛爭，卻又因此添加煩擾，宜以柔順態度處之。

愛情得50分　慎防不正常的感情發展，如何取捨，理智以對。

以下僅以　◎=最佳　○=佳　△=平　X=差
投機運X　工作運X　未來運X

第006籤 下下籤

財運得55分　運勢平平，並有損己利人的現象發生，如能誠懇努力挽回，則能獲吉利。

事業得55分　合夥事業傳出另組團隊，雖一時無法適應，但塞翁失馬焉知非福。

家庭得50分　內部不合小有插曲，平心靜氣處理，雖不盡如意，卻能避免更大傷害。

愛情得40分　有人反對或第三者介入，避免糾紛，放棄吧！天涯何處無芳草。

以下僅以　◎=最佳　○=佳　△=平　X=差
投機運X　工作運△　未來運△

◆學數字斷吉凶，這本最好用◆

第007籤 上吉籤

從您本身相關的數字或卜卦所得數字，在以下各方面得分

財運得85分　功名顯達，富貴盈門，氣運旺盛宜多行善，得保安康。

事業得80分　身居要職，如能遵守正道，前途大有可為，否則易生失敗。

家庭得80分　家運隆昌，富貴幸福，慎防驕奢導致破運，而家道不興。

愛情得80分　愛苗滋長，花開並蒂、切勿得意忘形、過分驕怠，否則感情易破裂。

以下僅以　◎=最佳　○=佳　△=平　X=差
投機運○　工作運◎　未來運○

第008籤 上吉籤

從您本身相關的數字或卜卦所得數字，在以下各方面得分

財運得80分　財勢氣運平順，可隨環境變遷，順勢而動，皆可得利。

事業得80分　安定中求進步，不必太過安於現狀，可多尋找經營方向。

家庭得85分　家庭和順美滿，雖有不同意見發表，但都以家庭第一。

愛情得80分　對愛情較為保守，其實可以開放一點，選擇自己所愛。

以下僅以　◎=最佳　○=佳　△=平　X=差
投機運◎　工作運◎　未來運◎

第009籤　下下籤

從您本身相關的數字或卜卦所得數字，在以下各方面得分

財運得40分　追尋的目標，虛無漂渺，凡事不宜，退守為佳。

事業得45分　苦心經營但還是難有進展，離目標尚遠。

家庭得45分　溝通不良造成紛爭，常為小事爭論不休，宜以忍讓寬容相待。

愛情得40分　難覓得真愛，真情換假意，不如及早另尋他緣。

以下僅以　◎=最佳　○=佳　△=平　╳=差
投機運╳　工作運╳　未來運╳

第010籤　下下籤

從您本身相關的數字或卜卦所得數字，在以下各方面得分

財運得50分　時運不利於投資，應謹守本分，安於現狀，妄進則不利。

事業得55分　目前工作事業不如理想，若貿然妄進必招失敗，固本為要。

家庭得50分　不要有過高期待與要求，知足常樂，安守現狀。

愛情得55分　若有似無，感情處於不穩定狀態，一切隨緣莫強求。

以下僅以　◎=最佳　○=佳　△=平　╳=差
投機運╳　工作運╳　未來運△

第011籤 下下籤

從您本身相關的數字或卜卦所得數字，在以下各方面得分

財運得45分　風波不斷，行事不進反退，可能產生虧損或投資失敗。

事業得40分　內部結黨營私，造成紛擾與不安而釀成不可挽救的失敗。

家庭得40分　家庭失去溫暖，各行其事，不得安寧，難拾往日歡笑。

愛情得45分　感情受到太多牽絆，到頭來空忙一場，徒增感傷。

以下僅以　◎=最佳　○=佳　△=平　X=差
投機運X　工作運X　未來運X

第012籤 下下籤

從您本身相關的數字或卜卦所得數字，在以下各方面得分

財運得40分　進退維谷，孤立無援，願望難以實現，財運衰弱之象。

事業得45分　憂心如焚，無法改善當前困境，投資面臨進退兩難。

家庭得49分　問題層出不窮，難以排解，應針對癥結，坦然面對，方能圓滿。

愛情得45分　糾纏不清，剪不斷理還亂，憂煩繞心頭。

以下僅以　◎=最佳　○=佳　△=平　X=差
投機運X　工作運X　未來運X

第013籤 上吉籤

從您本身相關的數字或卜卦所得數字，在以下各方面得分

財運得90分　時機已成熟，宜主動行事，發揮所能，利祿亨通。

事業得90分　準備得宜，能獲良朋益友協助，成功立業，大展鴻圖。

家庭得90分　家運隆昌，家庭和樂美滿，神仙眷侶。

愛情得85分　脫穎而出，能獲青睞，情場得意切忌自私自大，否則易敗。

以下僅以　◎=最佳　○=佳　△=平　✕=差
投機運◎　工作運◎　未來運◎

第014籤 上吉籤

從您本身相關的數字或卜卦所得數字，在以下各方面得分

財運得80分　行事方針將有重大調整，若能配合專業，可順利成功。

事業得85分　經營方式獲得改善，行事相信專業，當機立斷，大有可為。

家庭得85分　有喜事將近，使家庭成員間感情更加融洽。

愛情得85分　喜逢知己，迸出愛情火花，真心真愛，他人議論無礙感情發展。

以下僅以　◎=最佳　○=佳　△=平　✕=差
投機運◎　工作運◎　未來運◎

第015籤　中中籤

從您本身相關的數字或卜卦所得數字，在以下各方面得分

財運得69分　看似垂手可得，卻又不那麼容易以平常心看待，方可成就。

事業得65分　經營事業難免挫折，平常心處事，進展有望。

家庭得65分　對家庭成員不必太嚴苛，順其心性發展，反而圓滿。

愛情得65分　感情之路順其自然，不必太過勉強，自有好姻緣。

以下僅以　◎=最佳　○=佳　△=平　X=差
投機運△　工作運△　未來運○

第016籤　上吉籤

從您本身相關的數字或卜卦所得數字，在以下各方面得分

財運得85分　有喜將至，能得償宿願，完成遠大志業，財運通達。

事業得89分　宏遠的大志大業，將在你的手上完成，且能擴大事業版圖。

家庭得89分　可完成心頭大事，憂慮遠離，家庭溫馨美滿。

愛情得89分　前世註定有此良緣，愛情能夠昇華，有情人終成眷屬。

以下僅以　◎=最佳　○=佳　△=平　X=差
投機運◎　工作運◎　未來運◎

第017籤 上吉籤

財運得90分　氣勢財運亨通，廣結善緣，名利雙收之象。

事業得90分　得人和，能開創大好前景，若得女性相助，更能大展鴻圖。

家庭得90分　能獲得幸福良緣，感情融洽，美滿團圓。

愛情得90分　千里姻緣一線牽，兩情相悅，是天作之合。

以下僅以　◎=最佳　○=佳　△=平　X=差
投機運◎　工作運◎　未來運◎

第018籤 上吉籤

財運得80分　結合同好，凝聚共識，行事互相配合，理想將可實現。

事業得89分　整合內部力量，一致向外，合力奮鬥，事業可成。

家庭得85分　成員間感情融洽，家庭和諧，萬事俱興。

愛情得80分　倆人愛情甜蜜，心心相印，只是親友間尚未能完全贊同。

以下僅以　◎=最佳　○=佳　△=平　X=差
投機運◎　工作運◎　未來運◎

◆學數字斷吉凶，這本最好用◆

第019籤　上吉籤

從您本身相關的數字或卜卦所得數字，在以下各方面得分

財運得95分　喜事連連，財運亨通，一切順其自然發展，則能水到渠成。

事業得90分　平時的努力將獲得回報，一切順心如意，開展有利。

家庭得95分　幸福美滿，處處感受愛的溫馨，喜慶接踵而來。

愛情得90分　愛情順利發展，機緣成熟，自然成為美好良緣。

以下僅以　◎＝最佳　○＝佳　△＝平　X＝差
投機運◎　工作運◎　未來運◎

第020籤　下下籤

從您本身相關的數字或卜卦所得數字，在以下各方面得分

財運得50分　財運不旺，應考慮更換跑道或學習第二專長，也許較有機會。

事業得55分　投入大量心血與精力，成績卻不理想，應考慮另尋出路重新開始。

家庭得50分　若無法挽回對方的心，靠單方面努力是不夠的。

愛情得55分　愛情如真誠就該付諸行動，如沒有結果，轉移目標另尋真愛吧。

以下僅以　◎＝最佳　○＝佳　△＝平　X＝差
投機運X　工作運X　未來運X

第021籤　上吉籤

從您本身相關的數字或卜卦所得數字，在以下各方面得分

財運得90分　財運通順，時機及大環境均有利，順勢而為，能獲勝利成功。

事業得95分　形勢大好，商機無限，自助人助業績蒸蒸日上，喜慶連連。

家庭得90分　春風得意，幸福團圓，惟尚須加強對家庭的關心。

愛情得90分　濃情蜜意，愛情進展神速，是幸福美滿良緣。

以下僅以　◎＝最佳　○＝佳　△＝平　X＝差
投機運◎　工作運◎　未來運◎

第022籤　中中籤

從您本身相關的數字或卜卦所得數字，在以下各方面得分

財運得75分　目前的能力尚不足，應加強專業專才，可得豐碩成果。

事業得78分　孤軍奮鬥，勇往直前，待時機成熟，成就非凡。

家庭得70分　家庭成員間隱藏心事，不善表達易造成互相猜疑不信任。

愛情得75分　有出人意料外的圓滿結局，應加強信心採取主動。

以下僅以　◎＝最佳　○＝佳　△＝平　X＝差
投機運○　工作運○　未來運◎

第023籤　下下籤

從您本身相關的數字或卜卦所得數字，在以下各方面得分

財運得50分　宜守成等待時機，謹慎行事，容忍自重，以待時運轉通。

事業得55分　心中想要有所作為，但此時氣運不佳，宜有所保留。

家庭得55分　需付出極大心力，一切從長計議細心經營，共渡難關。

愛情得50分　積極經營，真心付出，但還是須防第三者破壞。

以下僅以　◎=最佳　○=佳　△=平　Ｘ=差
投機運△　工作運△　未來運△

第024籤　下下籤

從您本身相關的數字或卜卦所得數字，在以下各方面得分

財運得55分　氣運不順，行事前應考慮周詳，謹言慎行，可免失敗。

事業得55分　經營出現危機，宜改變目前營運策略和方針，方能脫離困境。

家庭得50分　家中風波不斷，應真誠相待，感念對方付出的辛勞，化解風波重歸和樂。

愛情得55分　愛情的發展阻力重重，幸得以真心換得信賴，能獲圓滿。

以下僅以　◎=最佳　○=佳　△=平　Ｘ=差
投機運Ｘ　工作運Ｘ　未來運△

第025籤　上吉籤

從您本身相關的數字或卜卦所得數字，在以下各方面得分

財運得85分　財運漸趨旺盛，應把握機會，加快腳步，成功有望。

事業得89分　前途光明似錦，可創造亮麗成績；把握良機，切勿遲延。

家庭得89分　家庭和樂光明，佳音頻傳，快樂的心情，迎接喜慶到來。

愛情得85分　不用懷疑愛情的到來，可大膽的將感情付出，等待開花結果。

以下僅以　◎=最佳　○=佳　△=平　X=差
投機運○　工作運◎　未來運◎

第026籤　中中籤

從您本身相關的數字或卜卦所得數字，在以下各方面得分

財運得60分　易受紛爭牽絆，影響財勢氣運，宜及早化解，免陷困境。

事業得60分　以小博大，難以長期對抗強敵，只可暫時退讓，另謀他計。

家庭得60分　家庭有破裂之虞，宜及早化解風波，化凶為吉。

愛情得60分　避免虛擲青春，後悔失意，應審慎思考這段感情的去留。

以下僅以　◎=最佳　○=佳　△=平　X=差
投機運△　工作運△　未來運X

◆學數字斷吉凶，這本最好用◆

106

第027籤　上吉籤

從您本身相關的數字或卜卦所得數字，在以下各方面得分

財運得95分　運勢已到不用懷疑，是難得的大好時機，件件皆宜趁勢出擊。

事業得95分　事事如意，正逢其時，掌握契機能一帆風順，業務蒸蒸日上。

家庭得95分　家庭美滿幸福，家運昌隆，美名遠播。

愛情得95分　能享有眞愛，互相情投意合，愛情順利進展。

以下僅以　◎=最佳　○=佳　△=平　X=差
投機運◎　工作運◎　未來運◎

第028籤　上吉籤

從您本身相關的數字或卜卦所得數字，在以下各方面得分

財運得85分　財運通達，雖四處奔波忙碌，只要方法正確，即能名利雙收。

事業得89分　經營得法，投資順利，業績蒸蒸日上，行事吉利如意。

家庭得85分　爲事業勞碌奔波，雖然聚少離多但感情依然穩固，家庭美滿。

愛情得89分　在忙碌中依然不減損愛情熱度，能有甜蜜的結局。

以下僅以　◎=最佳　○=佳　△=平　X=差
投機運◎　工作運◎　未來運◎

第029籤　下下籤

從您本身相關的數字或卜卦所得數字，在以下各方面得分

財運得55分　財運由盛轉衰，樂極生悲，爭訟不利。能保平安就是福，謹愼之。

事業得55分　先前的榮景已逐漸暗淡，不必強行振作但求隨勢而為，方保平安。

家庭得50分　家庭失和紛擾不斷，須尋找問題癥結化解，否則前景堪慮。

愛情得55分　美夢易醒，知音難遇，要找到理想對象，現階段較不易達成。

以下僅以　◎=最佳　○=佳　△=平　X=差
投機運X　工作運X　未來運X

第030籤　中中籤

從您本身相關的數字或卜卦所得數字，在以下各方面得分

財運得60分　一波三折好事多磨，不要多花功夫去逆勢操作，順其自然發展。

事業得65分　以不變應萬變，加強本業知識，自立自強，可達成豐碩成果。

家庭得65分　能屈能伸不卑不亢，各自謹守本分，一切風波均可平息。

愛情得65分　愛情的滋味總是酸甜苦澀，如能忠貞不渝坦誠相對，則長長久久。

以下僅以　◎=最佳　○=佳　△=平　X=差
投機運△　工作運○　未來運△

第031籤　上吉籤

從您本身相關的數字或卜卦所得數字，在以下各方面得分

財運得80分　財運漸順，漸露曙光，能得貴人相助，充滿欣悅氣象。

事業得75分　先苦後甘，困難瓶頸有所轉機，情勢明朗，事業可得順利。

家庭得80分　放下心中重擔，家庭氣氛逐漸圓融，幸福可期。

愛情得85分　兩地相思，內心深感憂愁，如今事情將有轉機，月圓人團圓。

以下僅以　◎=最佳　○=佳　△=平　X=差
投機運○　工作運○　未來運◎

第032籤　下下籤

從您本身相關的數字或卜卦所得數字，在以下各方面得分

財運得40分　財運不順一路走來很辛苦，無人相扶持，往西南而行可得貴人。

事業得45分　內部有雜音，對你所提出的意見無人贊同，孤木難撐，想開一點吧！

家庭得40分　常有煩心之事，沒辦法從根源解決，眼前只能等待了。

愛情得40分　初期情投意合，而後互挑毛病，須各自退回原點，才有轉機。

以下僅以　◎=最佳　○=佳　△=平　X=差
投機運X　工作運X　未來運X

◆ 第五章　數字籤號吉凶論斷解釋區 ◆

第033籤　上吉籤

從您本身相關的數字或卜卦所得數字，在以下各方面得分

財運得75分　整體運勢不錯，前景光明，但仍須事前計劃與努力。

事業得85分　依尋成功者腳步前進，堅定意志能逢凶化吉，順利成功。

家庭得80分　人多事雜易有紛爭，若能秉持誠心、主動澄清，終能迎刃而解。

愛情得80分　過程難免產生小波折，只要真心相待，能化解誤會，甜蜜如初。

以下僅以　◎=最佳　○=佳　△=平　Ⅹ=差
投機運○　工作運○　未來運◎

第034籤　上吉籤

從您本身相關的數字或卜卦所得數字，在以下各方面得分

財運得85分　財運通達、事情美好，唯須按部就班、有始有終，方能圓滿成功。

事業得85分　分段循序漸進，有始有終、貫徹到底，事業能繁榮昌盛。

家庭得89分　順從長輩的意思行事，即能開運吉利，幸福美滿。

愛情得89分　進展順利，陶醉在愛河中，好事將近，有圓滿結局。

以下僅以　◎=最佳　○=佳　△=平　Ⅹ=差
投機運◎　工作運◎　未來運◎

第035籤　下下籤

從您本身相關的數字或卜卦所得數字，在以下各方面得分

財運得40分　情勢艱困，處境堪慮，怒海行舟險象環生，急待他人救援。

事業得45分　遭遇困難又無奧援，只能順應時勢，孤軍奮戰或另謀他圖。

家庭得49分　家運不順，處處遭逢困難險阻，唯有刻苦耐勞，以拓家運。

愛情得45分　落花有意流水無情，甜美夢想終難如願，空留餘恨。

以下僅以　◎=最佳　○=佳　△=平　Ｘ=差
投機運Ｘ　工作運Ｘ　未來運Ｘ

第036籤　下下籤

從您本身相關的數字或卜卦所得數字，在以下各方面得分

財運得55分　財運不順須提防小人，謹慎行事居安思危，以防不測之災。

事業得55分　事業看似進展，但須提防小人從中破壞，更要防範中途災變。

家庭得55分　家庭安全問題須顧慮，不可大意疏於防範，以免事後徒留傷悲。

愛情得59分　好事多磨，提防第三者從中興風作浪，一不留意極可能造成傷害。

以下僅以　◎=最佳　○=佳　△=平　Ｘ=差
投機運△　工作運△　未來運△

第037籤　上吉籤

從您本身相關的數字或卜卦所得數字，在以下各方面得分

財運得95分　財運亨通，成果豐碩，歡笑連連，及早進行，成功在望。

事業得95分　事業經濟順利，收穫豐盛，確守正道而行，更能好運綿延。

家庭得95分　家庭和樂團圓，感情融洽，幸福隆昌之時運。

愛情得90分　如魚得水，如膠似漆，感情甜蜜人人稱羨，但忌得意忘形。

以下僅以　◎=最佳　○=佳　△=平　X=差
投機運◎　工作運◎　未來運◎

第038籤　下下籤

從您本身相關的數字或卜卦所得數字，在以下各方面得分

財運得55分　財勢氣運不穩定，時機不利投資，心志不堅，行事搖擺難以成功。

事業得55分　事業經營決策意見不一，政策無法推行，應徹底改善方能重展生機。

家庭得45分　家庭內常因意見不同而起爭執，導致分崩離析，宜速改善。

愛情得50分　心意不定，令人難以捉摸，感情難以進展，前景不樂觀。

以下僅以　◎=最佳　○=佳　△=平　X=差
投機運X　工作運X　未來運X

第039籤　上吉籤

財運得75分　運勢開展，能如願以償，務實行事，終能獲得成功。

事業得75分　謹守正道，不偏不倚，能得顧客信任，業績日見好轉。

家庭得75分　遵行正道，務本務實，家中和諧平安，放開心情不必憂煩。

愛情得75分　可得如意良緣，把握機會，能有良好進展。

以下僅以　◎=最佳　○=佳　△=平　╳=差
投機運○　工作運○　未來運◎

第040籤　上吉籤

財運得75分　財運通順可達，如獲貴人相助，事情則能圓滿。

事業得70分　事業經營順利，只是尚有些細節須完成，終可成功。

家庭得70分　心中掛念的事情可順利完成，只是尚未圓滿，可安心以待。

愛情得75分　請放心，事情已有眉目，花好月圓指日可期。

以下僅以　◎=最佳　○=佳　△=平　╳=差
投機運○　工作運○　未來運◎

第041籤　上吉籤

從您本身相關的數字或卜卦所得數字，在以下各方面得分

財運得85分　生活中充滿歡愉，和氣中處處逢貴人提攜，行事大吉。

事業得80分　謀定而動責任加重，時時以誠待人，有所為有所不為，始能成功。

家庭得85分　別為小事煩惱，注意對方的感受，以謙和態度行事，則可圓滿。

愛情得80分　身份或許有些差距，愛情不分貴賤，只要心相契合，絕對是好姻緣。

以下僅以　◎=最佳　○=佳　△=平　╳=差
投機運◎　工作運　未來運◎

第042籤　上吉籤

從您本身相關的數字或卜卦所得數字，在以下各方面得分

財運得95分　氣勢正旺可趁勝追擊，長期默默耕耘，今日一舉成名天下知。

事業得95分　初次創業就有好成績，順應時機順應人情去做，前途無可限量。

家庭得95分　家有喜事家庭會有聚財，運勢轉強的現象，幸福洋溢在臉上。

愛情得95分　或許是初次戀愛，戀情一公佈，便可得到大眾的認同，天賜佳偶。

以下僅以　◎=最佳　○=佳　△=平　╳=差
投機運◎　工作運◎　未來運◎

第043籤　下下籤

從您本身相關的數字或卜卦所得數字，在以下各方面得分

財運得30分　運途困頓，心思不正，迷失本性，凡事欠愼重考慮而招致傷害。

事業得30分　營運不順，會有商業騙子趁虛而入，固守道德才不會損失慘重。

家庭得35分　目前詐騙集團猖獗，須轉告家中成員勿起貪念，以免貪小失大。

愛情得35分　出自眞心的誠意才是良緣，目前的對象要仔細觀察是否有所圖謀。

以下僅以　◎=最佳　○=佳　△=平　X=差
投機運X　工作運X　未來運X

第044籤　上吉籤

從您本身相關的數字或卜卦所得數字，在以下各方面得分

財運得80分　財運正逐漸顯通，不小心失去的將受到補償，免驚慌。

事業得75分　塞翁失馬焉知非福，不用揣測猜疑，一切終有所得。

家庭得75分　事情可以得到調和，轉憂爲喜，不用擔心，終將圓滿。

愛情得75分　感情逐漸明朗，可以放心交往，兩情相悅，笑逐顏開。

以下僅以　◎=最佳　○=佳　△=平　X=差
投機運△　工作運△　未來運○

第045籤　下下籤

財運得50分　財運先衰後興，氣運暫時受阻，唯有另闢門徑，方能成功。

事業得45分　事業內部政策未見統一，勞而未有所獲，應力求改進，方有所得。

家庭得40分　須獨立奮鬥，方能成功，若只依靠家庭，恐怕助力變成阻力。

愛情得40分　背景觀念有段差距，如無法良性溝通，感情恐生變數。

以下僅以　◎=最佳　○=佳　△=平　X=差
投機運X　工作運X　未來運X

第046籤　中中籤

財運得65分　財運通達，循序漸進，克服困難前途漸趨光明。

事業得65分　努力辛勞將漸有回報，看似險阻重重，其實成功不難。

家庭得60分　雖有些不如意，若能用點心思，事情自然平順，不必憂煩。

愛情得65分　對愛情的追求，要有信心和恆心可以成功進展。

以下僅以　◎=最佳　○=佳　△=平　X=差
投機運△　工作運○　未來運○

◆ 學數字斷吉凶，這本最好用 ◆

第047籤　上吉籤

從您本身相關的數字或卜卦所得數字，在以下各方面得分

財運得90分　有如旭日昇天之勢，行為光明正大，能受長輩提拔，平步青雲。

事業得85分　已經達到高峰期，守成即可，不可貿然再進行投資。

家庭得90分　目前家庭已是美滿幸福人人稱羨，生活自由自在、沒有煩惱。

愛情得90分　天賜良緣彼此是一對絕配佳人，愛情若能專一，結局是圓滿的。

以下僅以　◎=最佳　○=佳　△=平　Ｘ=差
投機運◎　工作運◎　未來運◎

第048籤　下下籤

從您本身相關的數字或卜卦所得數字，在以下各方面得分

財運得30分　氣運不通，主觀意識影響了你的判斷，不可太倔強，錯失良機。

事業得30分　心意常舉棋不定，三心兩意，目前已錯過賺錢的好時機。

家庭得30分　家運困窮，事情難以下定決心去改變，錯過良機，最終難成。

愛情得30分　倆人對事情的看法分歧，無法達成共識，因而埋下分手的種子。

以下僅以　◎=最佳　○=佳　△=平　Ｘ=差
投機運Ｘ　工作運Ｘ　未來運Ｘ

第049籤　下下籤

從您本身相關的數字或卜卦所得數字，在以下各方面得分

財運得40分　渾沌未明，外有強敵環伺，稍安勿躁，退一步，海闊天空。

事業得45分　有競爭對手，切勿硬碰硬，鬥得兩敗俱傷，目前未到攤牌的時候。

家庭得40分　易有爭端或對立的現象，多溝通協調吧！不要造成失和與分裂。

愛情得40分　各人有各人的思考方式，所以目前感情無交集，不改變現狀，難成。

以下僅以　◎=最佳　○=佳　△=平　X=差
投機運X　工作運X　未來運X

第050籤　下下籤

從您本身相關的數字或卜卦所得數字，在以下各方面得分

財運得45分　富貴險中求，運勢不穩定，要有面對重重困難與險象環生的準備。

事業得45分　對財務及機密文件須妥善保管，須隨時應對同業扯後腿的可能。

家庭得30分　財不露白，一旦曝光就有危險，要當心突如其來的搶劫或綁票。

愛情得35分　千萬小心第三者的破壞，不論是介入或搬弄是非，都要排除。

以下僅以　◎=最佳　○=佳　△=平　X=差
投機運X　工作運X　未來運X

第二節　第51籤到第100籤吉凶論斷區

第051籤　上吉籤

從您本身相關的數字或卜卦所得數字，在以下各方面得分

財運得95分　運氣明朗且旺，可得天時、地利、人和，凡事在喜悅中萬事亨通。

事業得95分　運勢正強，多用智慧可以順利，可得賢人相助，共創新局面。

家庭得95分　親情融洽，家庭和樂，幸福美滿，沒有煩惱。

愛情得90分　彼此是一對絕配佳人，能互相扶持與鼓勵，有情人終成眷屬。

以下僅以　◎=最佳　○=佳　△=平　X=差
投機運◎　工作運◎　未來運◎

第052籤　上吉籤

從您本身相關的數字或卜卦所得數字，在以下各方面得分

財運得79分　氣運通達，障礙已除，準備妥當獲利可期。

事業得75分　預備進行的事，條件已成熟，時機適當，可大展身手。

家庭得75分　自助天助，事情能圓滿處理，家運和諧平安之象。

愛情得79分　愛情進行順利，心心相印，天作之合，幸福甜蜜。

以下僅以　◎=最佳　○=佳　△=平　X=差
投機運○　工作運○　未來運◎

第053籤　中中籤

從您本身相關的數字或卜卦所得數字，在以下各方面得分

財運得69分　財勢氣運逐漸明朗，朝正確方向前進，成功終有希望。

事業得65分　能獲貴人指引，內心有所頓悟，更新經營方式，業績成長。

家庭得60分　及時省悟，迷途知返，改變現狀創造幸福家園。

愛情得65分　兩地相思倍感寂寞，近日將有喜訊，可以再度重逢相聚。

以下僅以　◎=最佳　○=佳　△=平　Ⅹ=差
投機運△　工作運△　未來運◎

第054籤　上吉籤

從您本身相關的數字或卜卦所得數字，在以下各方面得分

財運得75分　財運漸趨旺盛，才能獲賞識，應有大好機運，完成心願。

事業得79分　努力獲得肯定，業績表現亮麗，更得眾人相助，一帆風順。

家庭得79分　上下一心，團結互助，家庭經營有成，能得好名聲。

愛情得79分　互相欣賞，愛情滋長，前景美好可喜可賀！

以下僅以　◎=最佳　○=佳　△=平　Ⅹ=差
投機運△　工作運○　未來運◎

◆學數字斷吉凶，這本最好用◆

120

第055籤　上吉籤

從您本身相關的數字或卜卦所得數字，在以下各方面得分

財運得80分　機運不錯，但要評量自己的能力及外在因素，進退有據無往不利。

事業得85分　行動一旦開始就確實執行，注意行事時機及方法，才有真正成功。

家庭得80分　量入為出，不要勉強行事，不貪圖非份的享受，則家庭幸福繁榮。

愛情得80分　天賜良緣，一切順利，再相處亦不可操之過急，應漸漸加溫。

以下僅以　◎=最佳　○=佳　△=平　Ｘ=差
投機運○　工作運◎　未來運◎

第056籤　上吉籤

從您本身相關的數字或卜卦所得數字，在以下各方面得分

財運得95分　魚躍龍門開運之兆，心想事成，絕對要把握此人生中的輝煌時期。

事業得95分　用心經營，寶藏垂手可得，若得他人相助，則能更創高峰。

家庭得90分　家業繁榮，名利雙收，諸事如意切記勿驕勿縱，才是真正的吉利。

愛情得90分　這段感情遠景看好，彼此都能為對方著想，是成功的緣份。

以下僅以　◎=最佳　○=佳　△=平　Ｘ=差
投機運◎　工作運◎　未來運◎

第057籤　上吉籤

從您本身相關的數字或卜卦所得數字，在以下各方面得分

財運得80分　財運通達，前程似錦，但須順勢而為，重視人和，以維持盛運。

事業得75分　時機有利，應可勇往直前，但須防過度自信，驕而忘形。

家庭得75分　能得繁榮幸福之家運，切忌不務實際，追求虛名，以免破壞。

愛情得75分　愛情升溫，受到讚美與祝福，保持熱情，則能甜蜜圓滿。

以下僅以　◎=最佳　○=佳　△=平　X=差
投機運△　工作運△　未來運○

第058籤　下下籤

從您本身相關的數字或卜卦所得數字，在以下各方面得分

財運得35分　運勢不佳，更要小心身體疾病及意外之災，放慢腳步或休息一下。

事業得35分　虧損多盈利少，本業已沒落，無法有好結果，另謀出路吧！

家庭得30分　正處於沒落的時候，難以維持下去，雖有心挽回，卻力不從心。

愛情得30分　愛情發生變數，已無法復合，有道是相思了無益，看開吧！

以下僅以　◎=最佳　○=佳　△=平　X=差
投機運X　工作運X　未來運X

◆ 學數字斷吉凶，這本最好用 ◆

第059籤　上吉籤

財運得90分　能得到投緣的知己，朋友相助，群策群力，心中願望可以達成。

事業得90分　事業順利大有斬獲，用人唯才是用，對自己會有更大的幫助。

家庭得90分　現在家庭幸福美滿，和樂融融，自有貴人來。

愛情得90分　感情極為平順，所交往的對象必然是值得信任的終身伴侶。

以下僅以　◎=最佳　○=佳　△=平　X=差
投機運◎　工作運◎　未來運◎

第060籤　下下籤

從您本身相關的數字或卜卦所得數字，在以下各方面得分

財運得50分　起伏不定，凡事設身處事，多思考，準備充足，才有成功的機會。

事業得40分　事情有困難，須先了解事情的重點，不可因情緒不佳而失去理智。

家庭得45分　多深思熟慮再決定，當省則省，量入而出，才有平安幸福的家運。

愛情得45分　欲速則不達，須逐步培養，稍安勿躁，才不會空留遺憾。

以下僅以　◎=最佳　○=佳　△=平　X=差
投機運X　工作運X　未來運△

◆ 第五章　數字籤號吉凶論斷解釋區 ◆

第061籤　上吉籤

從您本身相關的數字或卜卦所得數字，在以下各方面得分

財運得75分　財勢氣運復甦進展，處之泰然，自然可得，能一展抱負。

事業得75分　十年河東十年河西，環境再度對你有利，請善加把握。

家庭得70分　將可突破困局，苦盡甘來，家道漸興，共創幸福美滿家園。

愛情得65分　主動積極，不久即會有好消息，考慮太多，反而錯失機會。

以下僅以　◎=最佳　○=佳　△=平　X=差
投機運△　工作運○　未來運◎

第062籤　上吉籤

從您本身相關的數字或卜卦所得數字，在以下各方面得分

財運得70分　漸漸回春之象，雖有收獲，若貴人相助，方可更加圓滿。

事業得75分　辛苦經營略有起色，但礙於自身條件及經濟因素，尚須他人之力。

家庭得75分　組織家庭難免有困苦與勞累，多聽取建議，更加圓滿。

愛情得75分　愛情走到交叉路，須要有朋友之助，才有復合之機。

以下僅以　◎=最佳　○=佳　△=平　X=差
投機運△　工作運△　未來運○

◆ 學數字斷吉凶，這本最好用 ◆

第063籤　下下籤

財運得35分　運勢多曲折，凡事不要以自我爲中心，虛心檢討自己再謀求解決。

事業得30分　經營不易，營運不佳，常事與願違，須重新開創事業了。

家庭得30分　家庭多紛爭，易爭吵，快煩死了，想做什麼都難以如願。

愛情得35分　愛情路上不受支持也未受肯定，一切隨緣，過於勉強還是不長久。

以下僅以　◎=最佳　○=佳　△=平　╳=差
投機運╳　工作運╳　未來運╳

第064籤　上吉籤

財運得80分　處於好運時可從事創新或合夥，不因順利就迷失方向，必有所得。

事業得85分　驛馬型須向外地發展，能得朋友之助，共同努力，定有一番作爲。

家庭得85分　因工作時認識一位好夥伴，對你的家庭及事業將有良好的建議。

愛情得80分　空間阻擋不了熱線，雖然身處遠方，戀曲不變質。

以下僅以　◎=最佳　○=佳　△=平　╳=差
投機運◎　工作運◎　未來運○

第065籤　上吉籤

財運得75分　雖有明顯的進展，可利用各種信息網路資訊更有發揮的空間。

事業得70分　能力好卻抱著獨善其身，積極心不夠，若能改變觀念將大有所為。

家庭得75分　全心為家庭付出，一心兩用日月操勞，辛苦將有代價。

愛情得70分　雖已交往一段時日，還須多用點心思，才能擄獲對方的心。

以下僅以　◎=最佳　○=佳　△=平　Ｘ=差
投機運△　工作運○　未來運△

第066籤　上吉籤

財運得85分　成竹在胸計劃周全，只要覺得該做的就要堅定信念做下去。

事業得85分　方向沒有錯誤，應時時吸收新知，精益求精，自然成果豐碩。

家庭得85分　必須有愛心、恆心和毅力，各自盡心盡力扮演好本份，自然和樂。

愛情得80分　多用心，週遭好友都是軍師，只有下過真功夫才能達到目的。

以下僅以　◎=最佳　○=佳　△=平　Ｘ=差
投機運○　工作運◎　未來運◎

第067籤　下下籤

從您本身相關的數字或卜卦所得數字，在以下各方面得分

財運得40分　不用大腦行事會陷於難行的困境，不妨暫停一切運作，等待雞鳴。

事業得35分　事情難解決，猶如走在雙叉路上，保持冷靜，才能突破窘境。

家庭得45分　目前進行的事關係家運的興衰，是輸是贏，等時機成熟方能揭曉。

愛情得40分　愛情已走到一個坎站，是否繼續，如何抉擇，考驗你的智慧。

以下僅以　◎=最佳　○=佳　△=平　X=差
投機運X　工作運X　未來運△

第068籤　上吉籤

從您本身相關的數字或卜卦所得數字，在以下各方面得分

財運得80分　週遭充滿生機，又有長輩之助，只要不逾矩不走偏，會有所作為。

事業得85分　平順營利，如有不順也能獲得圓滿解決，時運開始轉好。

家庭得80分　還算平安，家中成員會有小狀況發生，能遇貴人協助，漸入佳境。

愛情得80分　愛情長跑，雙方有心但缺乏熱勁；待之以誠，視機行事，能獲芳心。

以下僅以　◎=最佳　○=佳　△=平　X=差
投機運○　工作運○　未來運◎

第五章　數字籤號吉凶論斷解釋區

第069籤　中中籤

從您本身相關的數字或卜卦所得數字，在以下各方面得分

財運得60分
氣運由逆轉順，如何化危機為轉機，乃是當務之急。

事業得65分
事業經營潛伏危機，幸能及時察覺，化解衝突，轉憂為喜。

家庭得65分
親人間意見不和，爭執不休，幸能得長輩勸解，握手言歡。

愛情得65分
產生嚴重誤解，經歷一場空前風暴，卻能喜劇收場，感情愈增。

以下僅以　◎=最佳　○=佳　△=平　Ｘ=差
投機運△　工作運△　未來運△

第070籤　上吉籤

從您本身相關的數字或卜卦所得數字，在以下各方面得分

財運得70分
漸漸轉盛，行事沈穩中求進，雖然須付出勞力，終有代價。

事業得75分
為事業付出心思與心血，苦心經營終於有收穫，爾後更有貴人提攜。

家庭得75分
有平順也有波折，為家庭花費許多心思營造出和樂氣氛獲得滿堂歡笑。

愛情得70分
感情太單調時就會出現危機，多花一些心思，才留得住愛情。

以下僅以　◎=最佳　○=佳　△=平　Ｘ=差
投機運○　工作運○　未來運○

第071籤　上吉籤

從您本身相關的數字或卜卦所得數字，在以下各方面得分

財運得75分
由困頓轉順中，之前多奔波勞苦，可從中得到成功與快樂，前程似錦。

事業得75分
事業上會有小阻與困難，但到最後關頭時，凡事終能逢凶化吉。

家庭得70分
暫時忍耐刻苦，不要認為目前勞苦就失去鬥志，未來會有榮景的

愛情得75分
別疑惑，要對自己有信心，最後愛情有開花結果的好時機。

以下僅以　◎＝最佳　○＝佳　△＝平　╳＝差
投機運○　工作運○　未來運○

第072籤　下下籤

從您本身相關的數字或卜卦所得數字，在以下各方面得分

財運得45分
停滯不順遭受池魚之殃，幸好平時有防範，事態未擴大。

事業得40分
天降橫禍，受到無妄之災波及，幸好根基穩固，可以渡過此關。

家庭得40分
可能會因一時的疏忽，對家中成員造成傷害，慶幸搶救得宜，未造成遺憾。

愛情得45分
有人處心積慮想破壞這段感情，還好彼此信任經得起考驗。

以下僅以　◎＝最佳　○＝佳　△＝平　╳＝差
投機運╳　工作運╳　未來運╳

◆ 第五章　數字籤號吉凶論斷解釋區 ◆

129

第073籤　上吉籤

財運得80分　運勢通順凡事能得到幫助，但亦有危險，若不按照計劃會有波折。

事業得85分　順天而行只要不違背法律道德，縱有小阻礙，亦有貴人幫你鏟除。

家庭得90分　可以享受親蜜的家庭生活，家人各盡職責，爲親朋好友羨慕。

愛情得90分　郎才女貌，天作之合，順勢發展有耐心去進行，可得美滿良緣。

以下僅以　◎=最佳　○=佳　△=平　X=差
投機運◎　工作運◎　未來運○

第074籤　下下籤

財運得30分　險中遇險，求進是難上加難，謹守本份即可，否則一切化爲烏有。

事業得35分　誠心經營才能長久，若心思不正，走險路，招惹事非，大禍將至。

家庭得35分　切勿貪圖非份之物，不是命中該得，強求得來會遭殃的。

愛情得30分　水潑落地難收回，過去就讓它成回憶，勿強求徒增困擾。

以下僅以　◎=最佳　○=佳　△=平　X=差
投機運X　工作運X　未來運X

第075籤　上吉籤

從您本身相關的數字或卜卦所得數字，在以下各方面得分

財運得80分　多時的辛苦終於成功，苦盡甘來之際也不可疏忽，以免功虧一簣。

事業得85分　一分耕耘會有兩分收穫，繼續用心經營，則能有所成就。

家庭得80分　辛苦經營家庭總算換取到應有的成果與代價，須好好珍惜。

愛情得80分　用心良苦，不管旁人如何反對都不能分化彼此，戀情成熟在即。

以下僅以　◎=最佳　○=佳　△=平　X=差
投機運○　工作運◎　未來運○

第076籤　中中籤

從您本身相關的數字或卜卦所得數字，在以下各方面得分

財運得65分　福星高照，可轉危為安，勿因此粗心大意，還是會有失敗的可能。

事業得60分　冒險投資帶來傷害，雖可安然渡過，卻也造就事業競爭的對手。

家庭得60分　遭遇意想不到的狀況，沒有立即危險，在困難過後會轉為平安。

愛情得60分　短暫的迷失與分離是自己造成的，因此帶來了競爭者。

以下僅以　◎=最佳　○=佳　△=平　X=差
投機運△　工作運△　未來運○

第077籤　下下籤

財運得35分　是非只因多開口，禍從口出，容易得罪既得利益的人，謹言慎行。

事業得30分　商業競爭非常激烈 勿使用抹黑的手段，否則會有官司纏身。

家庭得30分　喜歡當傳聲筒，道人是非，容易遭受無妄之災。

愛情得30分　因無法認同對方的行為模式，亦無能力去改變，終究無交集。

以下僅以　◎=最佳　○=佳　△=平　X=差
投機運X　工作運X　未來運X

第078籤　上吉籤

財運得90分　大展身手充分發揮實力，暢所欲為，得有利資助，行運一條龍。

事業得90分　謀事與求財只要是正業一定會有收穫，在既有規劃下可放手去做。

家庭得90分　歡喜付出，甘願承受，只要對家庭有益的事，終究會亨通圓滿。

愛情得85分　對這段愛情沒信心、猶豫不定，放膽前行吧！成功機會非常大。

以下僅以　◎=最佳　○=佳　△=平　X=差
投機運◎　工作運◎　未來運◎

第079籤　下下籤

從您本身相關的數字或卜卦所得數字，在以下各方面得分

財運得40分　運勢尚未通達，多勞少獲，放寬心情，會有轉捩點的出現。

事業得40分　認真經營事業，盈少虧多，不要氣餒，繼續開發會讓你找到商機。

家庭得35分　辛苦勞累，家境依然不富裕，繼續努力，為將來多存一點老本。

愛情得30分　為感情付出甚多，還得不到對方的心，讓人興起不如分手的念頭。

以下僅以　◎=最佳　○=佳　△=平　X=差
投機運X　工作運X　未來運X

第080籤　下下籤

從您本身相關的數字或卜卦所得數字，在以下各方面得分

財運得40分　懷才不遇，勿輕舉妄動，多培養實力，時運來臨自有貴人相助。

事業得45分　應該大有可為，為何情勢反轉，檢討週邊的人物，才能有所發揮。

家庭得40分　酒肉朋友多，提供的建議皆無用，唯有遠離，家運才有和平安靜。

愛情得40分　人人稱羨的一對，感情卻無法順利，遠離身邊小人是當務之急。

以下僅以　◎=最佳　○=佳　△=平　X=差
投機運X　工作運X　未來運X

第081籤　下下籤

財運得30分　機運多半不佳，有危險的跡象，處處小心謹慎，才有回春的可能。

事業得30分　遭受無情打擊幾乎陣亡，唯靠堅強意志重新出發，靜待東山再起。

家庭得30分　晴天霹靂，原本幸福的日子可能一夕變天，要咬緊牙關撐過，才有新的機運。

愛情得30分　愛情路上起風暴，由濃轉淡，給對方紓解壓力的空間，重新再來。

以下僅以　◎=最佳　○=佳　△=平　Ⅹ=差
投機運Ⅹ　工作運Ⅹ　未來運Ⅹ

第082籤　中中籤

財運得70分　運勢平順，有所成的時候，要懂得節制及明哲保身之道。

事業得70分　腳踏實地最重要，不可急躁行事，應專心本業而不妄求。

家庭得65分　心要想開些，不過太摳，該用則用，順應自然，家庭才會和樂。

愛情得60分　倆人交往擔心對方沒誠意，以至誠的心及耐心，終可成功。

以下僅以　◎=最佳　○=佳　△=平　Ⅹ=差
投機運△　工作運△　未來運○

第083籤　下下籤

從您本身相關的數字或卜卦所得數字，在以下各方面得分

財運得40分　身處險境中雖可得一時利益，若無法認清事實，將永無翻身之日。

事業得40分　一步一腳印，成功的果實甘甜，作奸犯科得來的，將身陷牢獄。

家庭得40分　心被迷惑，以不正當的手段去奪取他人的事物，將為此付出代價。

愛情得40分　若以欺騙的手段或作出不理智的行為，將會後悔一輩子。

以下僅以　◎=最佳　○=佳　△=平　X=差
投機運X　工作運X　未來運X

第084籤　中中籤

從您本身相關的數字或卜卦所得數字，在以下各方面得分

財運得60分　有慢慢轉好的跡象，切勿隨波逐流，讓自己又陷入困境。

事業得60分　慎選行業，不要一窩蜂趕潮流，以免花錢學經驗白忙一場。

家庭得60分　要詳細考慮，不要受外界的誘惑而心亂，堅守本份。

愛情得55分　愛情對你來說雖是一場遊戲，但眼睛要睜亮，不要變成一場惡夢。

以下僅以　◎=最佳　○=佳　△=平　X=差
投機運△　工作運△　未來運△

第085籤　下下籤

財運得30分　受環境的牽絆無法有所作為，越想突破現狀越易鑄錯，滿盤皆輸。

事業得30分　目前不宜擴充或轉業，請速打消念頭，再忍耐等待機會。

家庭得35分　家運停滯不旺，勞碌煩心，目前不宜有任何計劃，能緩則緩。

愛情得30分　落花有意流水無情，盡早抽身，免得陷入痛苦的愛情漩渦。

以下僅以　◎=最佳　○=佳　△=平　╳=差
投機運╳　工作運╳　未來運╳

第086籤　上吉籤

財運得90分　充滿幹勁心想事成，只要自然平實便可走得更順，並得意外之喜。

事業得90分　有不錯的商機，凡事有事半功倍的結果，好好衝刺有升遷的可能。

家庭得90分　能得意外之喜，在親情或物質上獲得改善，顯現出一片安寧祥和。

愛情得85分　無心插柳柳成蔭，狀況下結的緣逐漸加溫中，一定要把握這良緣。

以下僅以　◎=最佳　○=佳　△=平　╳=差
投機運◎　工作運◎　未來運◎

第087籤　下下籤

財運得30分　易遭小人攻擊與中傷，行事方面也大多不得開展，挫折又多。

事業得30分　自行創業困難重重，先觀察再行動，宜退不宜進。

家庭得30分　家中有人在外惹事生非，嚴重波及家運，小心應對，以求渡過。

愛情得30分　遇人不淑，付出感情得不到善應，這段感情只是浪費時間。

以下僅以　◎=最佳　○=佳　△=平　X=差
投機運X　工作運X　未來運X

第088籤　上吉籤

財運得85分　諸事吉祥人緣佳，人逢喜事精神爽，循序漸進能得助力好運不斷。

事業得85分　凡事能持續進展，以守為攻按部就班，和順待人事業可更上層樓。

家庭得85分　家中決定之事不要急著進行，一步一腳印，家運逐漸發展而幸福。

愛情得90分　天賜良緣，能順利發展，別操之過急，會有開花結果的好時機。

以下僅以　◎=最佳　○=佳　△=平　X=差
投機運◎　工作運◎　未來運◎

第089籤　下下籤

財運得35分　　不穩定之時運費時費心力，開始作事，也要持之以恆，才有收穫。

事業得30分　　情況發展快超出自己所能控制的範圍，請冷靜處理每一件事情吧！

家庭得30分　　遇到困難要有耐心、毅力去解決，漫不經心的處事會有大苦頭吃。

愛情得30分　　這段感情走得很辛苦、煩心，唯有真心相待，否則愛情就此告吹。

以下僅以　◎=最佳　○=佳　△=平　X=差
投機運X　工作運X　未來運X

第090籤　上吉籤

財運得75分　　堅定自己的信心，心無旁騖不輕率或冒失的行動，成功會屬於你。

事業得70分　　認定目標就要勇往直前去實行，心志堅定能順利發展。

家庭得70分　　想使家境更上層樓，須要有恆心毅力，則能成繁榮之家運。

愛情得75分　　真心不渝，現有的困擾會過去，不必搭理，反而會有好消息傳來。

以下僅以　◎=最佳　○=佳　△=平　X=差
投機運△　工作運○　未來運○

◆學數字斷吉凶，這本最好用◆

第091籤　中中籤

從您本身相關的數字或卜卦所得數字，在以下各方面得分

財運得60分　運勢慢慢轉好，但也須長時間等待，貴人才會出現。

事業得60分　處於起步階段，創業維艱，不經一番寒澈骨，那得梅花撲鼻香。

家庭得60分　常有煩心事，唯有徹底解決家中一切困擾的根源，方有寧靜生活。

愛情得60分　風波多，尚處於考驗期，要有耐心及不變的心，才有成功的希望。

以下僅以　◎＝最佳　○＝佳　△＝平　X＝差
投機運△　工作運△　未來運△

第092籤　下下籤

從您本身相關的數字或卜卦所得數字，在以下各方面得分

財運得35分　前方有阻礙，本身又缺少鬥志，需徹底改變自己，才有出運的一天。

事業得35分　競爭對手太多，雖然目前佔優勢，不可因此放鬆，還有翻牌的可能。

家庭得30分　家中可能有人染上惡習，需要家人的關懷，要有耐心、毅力，方能走出陰霾。

愛情得35分　有第三者介入雙方產生芥蒂，經過協調後恢復感情，要謹慎以防舊事重演。

以下僅以　◎＝最佳　○＝佳　△＝平　X＝差
投機運X　工作運X　未來運X

第093籤　下下籤

財運得30分　倒楣，受無妄之災的牽連，快尋求管道補救還有起死回生的可能。

事業得30分　經營不是很順利，遭受到別人的質疑，要待事情明瞭後才有轉機。

家庭得30分　目前進行的事情受到他人的誤解，溝通協調後，會有更多的助力。

愛情得30分　遭受到對方的誤會，真理難明，時間可以證明你的真意。

以下僅以　◎=最佳　○=佳　△=平　Ｘ=差
投機運Ｘ　工作運Ｘ　未來運Ｘ

第094籤　下下籤

財運得30分　烏雲遮日，前途一片黑暗，分不清好與壞，時運不濟也。

事業得30分　前景黯淡無光，常有無明之災及中傷，只可退守不宜躁進。

家庭得30分　家中財務出現困難，一時不知如何渡過難關，只能安穩中求解決。

愛情得35分　雙方的感情處於冷戰期，一度迷失了方向，是否該繼續交往困擾著你。

以下僅以　◎=最佳　○=佳　△=平　Ｘ=差
投機運Ｘ　工作運Ｘ　未來運Ｘ

第095籤　下下籤

從您本身相關的數字或卜卦所得數字，在以下各方面得分

財運得40分　運勢低，前方有許多障礙在等著你，萬事起頭要謹慎。

事業得40分　遇到瓶頸已到生死關頭的時候，若有貴人指點，也許還有希望。

家庭得35分　家中有較困難的處境，讓你不知如何處理，多找朋友商討，可以得到好方法。

愛情得35分　常遇挫折，愁上心頭，放開胸懷，看開一點，感情可遇不可求。

以下僅以 ◎=最佳　○=佳　△=平　X=差
投機運X　工作運X　未來運X

第096籤　下下籤

從您本身相關的數字或卜卦所得數字，在以下各方面得分

財運得40分　面臨起落的變化，如進退無路，則不妨改變行動模式，或許還有機會。

事業得45分　經濟不景氣壓力非常大，事業上經過變動，須靜待時日才有轉機。

家庭得45分　雖會面臨困難，但情況不會太糟，全家人同心協力，則可走向安泰。

愛情得50分　好事多磨，需要時間與毅力，才能成就好婚姻。

以下僅以　◎=最佳　○=佳　△=平　X=差
投機運X　工作運X　未來運X

◆ 第五章　數字籤號吉凶論斷解釋區 ◆

第097籤　　中中籤

財運得60分　初有阻礙須謀後而動，依序漸進如能廣結善緣，對運勢大有助益。

事業得65分　職場新手步步謹慎不可躁進，唯有誠信待人，則有貴人相助。

家庭得60分　真正的安全感來自內心而不是物質，大家能誠心誠意則吉事連綿。

愛情得60分　初墜情網，淺嚐五種滋味，切誤深陷，讓愛沖昏頭。

以下僅以　◎=最佳　○=佳　△=平　Ⅹ=差
投機運△　工作運△　未來運△

第098籤　　上吉籤

財運得70分　行事順利，遇危險與困難時常能化險為夷，誠信處事成功在望。

事業得75分　盡心盡力去做，若有不順，也可以順利獲得解決，開創佳績。

家庭得75分　家庭成員互為貴人，小有困境互相扶持，能為家庭帶來昌盛吉運。

愛情得70分　小有波折，彼此真誠的付出，感情慢慢加溫，自然順利圓滿。

以下僅以　◎=最佳　○=佳　△=平　Ⅹ=差
投機運○　工作運○　未來運◎

◆學數字斷吉凶，這本最好用◆

第099籤　上吉籤

從您本身相關的數字或卜卦所得數字，在以下各方面得分

財運得95分
運氣亨通可成大事業，諸事順遂，亦有貴人相助，聲名顯赫。

事業得95分
計劃可以順利發展進行，八月更有財力資助，業績良好財源廣進。

家庭得95分
平安無事家庭融洽，人際關係更得人和，家人投資會有不錯成果。

愛情得90分
此一時彼一時，起先得不到別人的祝福，如今終於有安定與幸福。

以下僅以　◎=最佳　○=佳　△=平　X=差
投機運◎　工作運◎　未來運◎

第100籤　下下籤

從您本身相關的數字或卜卦所得數字，在以下各方面得分

財運得35分
容易仗勢自己運強而不留人餘地，反遭暗算，樂極生悲。

事業得30分
幹一行怨一行，一心多用，另行開創新事業，凶多吉少。

家庭得30分
有桃色糾紛，造成家中人心渙散，後果堪憂。

愛情得35分
雙腳踏雙船，左右逢源，劈腿最終落得兩頭空。

以下僅以　◎=最佳　○=佳　△=平　X=差
投機運X　工作運X　未來運X

第三節　第101籤到第150籤吉凶論斷區

第101籤　下下籤

從您本身相關的數字或卜卦所得數字，在以下各方面得分

財運得40分	大起大落之運人生如意時須留條退路，多提醒自己滿招損謙受益。
事業得35分	經營不順有債務糾紛的問題，誠心誠意去解決，或許會有轉機。
家庭得40分	家中出現問題，須要每個人付出努力，共同面對才能走出危機。
愛情得40分	感情路走的比較辛苦，只要堅持下去，情況會慢慢變好。

以下僅以　◎=最佳　○=佳　△=平　X=差
投機運X　工作運X　未來運X

第102籤　下下籤

從您本身相關的數字或卜卦所得數字，在以下各方面得分

財運得55分	運勢中平，凡事不可貪求，腳踏實地付出努力會獲得成果。
事業得55分	賺錢是人人愛，只要不違法，不要違背職業道德，儘管放手去做。
家庭得50分	家中的成員應一視同仁，不能太袒護，會造成家庭氣氛不和諧。
愛情得45分	愛情是兩廂情願，若有不正當手段得來，會觸法，得不償失。

以下僅以　◎=最佳　○=佳　△=平　X=差
投機運X　工作運△　未來運X

第103籤　上吉籤

從您本身相關的數字或卜卦所得數字，在以下各方面得分

財運得75分　平順亦是一種福氣，凡事照計劃及先後順序而為才會有所得。

事業得70分　沒有做大事業的雄心壯志，不會給自己太大的壓力，知足常樂。

家庭得70分　雖然過的清苦，自食其力，成員平安，生活得自由自在。

愛情得70分　有緣沒緣一切隨緣，順其自然，該是你的絕對跑不掉。

以下僅以　◎=最佳　○=佳　△=平　X=差
投機運△　工作運○　未來運○

第104籤　上吉籤

從您本身相關的數字或卜卦所得數字，在以下各方面得分

財運得85分　沈潛了很久慢慢地耕耘，積蓄超強實力，機會來了成功將屬於你的。

事業得80分　剛從困難的局面走出來，困境已過前途一片光明，可坐享其成了。

家庭得80分　初期不順利開展，亦有受困的苦悶，時來運轉，現在是幸福和睦。

愛情得80分　初期進展緩慢，勞心傷神，暗淡期已過，將有幸福美滿的日子。

以下僅以　◎=最佳　○=佳　△=平　X=差
投機運◎　工作運○　未來運◎

第105籤　中中籤

財運得70分　名利集於一身，但身體已出現警訊，少應酬，否則將成泡影。

事業得65分　謹守本份勿多重投資，本業之外如有大投資，要打消念頭。

家庭得60分　似乎膠著，須積極聯繫感情，努力不會白費，會有報償的。

愛情得60分　單戀，對方尚不知你的愛慕，多請教前輩技巧，要勇敢表現出來。

以下僅以　◎=最佳　○=佳　△=平　╳=差
投機運△　工作運△　未來運△

第106籤　中中籤

從您本身相關的數字或卜卦所得數字，在以下各方面得分

財運得60分　雨過天青雖然前面仍是一片泥濘，暫無貴人相持，靠自已積極突破。

事業得60分　目前處於困境，難以朝目標前行而感到愁苦，須找人協助。

家庭得60分　家中之事無法順利進行，甚有阻礙，須第三者幫忙，成功機率較大。

愛情得65分　紅鸞星動，拋棄以往種種不愉快，多參加聯誼，能找到滿意的對象。

以下僅以　◎=最佳　○=佳　△=平　╳=差
投機運△　工作運△　未來運△

◆學數字斷吉凶，這本最好用◆

146

第107籤　上吉籤

從您本身相關的數字或卜卦所得數字，在以下各方面得分

財運得75分　運勢平順，無欲無求，謙和待人才能獲得好評與信賴支持。

事業得75分　平順之象，固守正業，腳踏實地不忮不求，順其自然，是謂福氣。

家庭得70分　生活清淡簡樸，不貪求榮華富貴自然可清心寡欲，知足常樂。

愛情得75分　不耍花招，出自真誠，雖然無羅曼蒂克的氣氛，卻別有一番風味。

以下僅以　◎=最佳　○=佳　△=平　X=差
投機運○　工作運○　未來運◎

第108籤　下下籤

從您本身相關的數字或卜卦所得數字，在以下各方面得分

財運得30分　衰退而不自知，過份享樂而脫離現實，不知醒悟是無法翻身的。

事業得30分　打拼許久還是未達到理想，萌生倦怠之心，想創業須考慮清楚。

家庭得30分　夫妻感情時好時壞，有第三者介入，讓您憂心忡忡！

愛情得35分　內心有不安全及空虛的感覺，感情有不穩定的情況，要注意。

以下僅以　◎=最佳　○=佳　△=平　X=差
投機運X　工作運X　未來運X

第109籤　下下籤

財運得40分　運勢停滯處處受阻礙，無從發揮與著手，愁上 心頭。

事業得45分　天下沒有白吃的午餐，只要肯努力或許還有成功的機會。

家庭得45分　杞人憂天，沒有想像中嚴重，家中事難免有不如意，振作點！

愛情得40分　經營感情不夠積極，下一個會更好，終究是單身貴族一員。

以下僅以　◎=最佳　○=佳　△=平　Ｘ=差
投機運Ｘ　工作運Ｘ　未來運Ｘ

第110籤　上吉籤

財運得90分　和氣中處處逢貴人提攜，在順利中不可忘了積穀防飢，才能長久。

事業得90分　業務昌盛，而且在本業中能獲得良好的風評與商譽，慢慢擴張。

家庭得90分　闔家相親相愛，相互扶持，勤儉持家，家運逐漸興隆。

愛情得90分　兩情相悅，情投意合，感情與日俱增，好事將近。

以下僅以　◎=最佳　○=佳　△=平　Ｘ=差
投機運◎　工作運◎　未來運◎

◆ 學數字斷吉凶，這本最好用 ◆

148

第111籤　上吉籤

財運得70分　正值日正當中，切忌鋒芒太露，宜提高警覺，才不會失敗或挫折。

事業得70分　切忌功高震主，好大喜功，最好順勢徐進不可單獨實行。

家庭得７５分　懂得忍讓善用溝通不要刺激對方方能化解家庭革命，和平相處。

愛情得70分　有情人終能成眷屬，但此時不可鬆懈，否則倆人感情會樂極生悲。

以下僅以　◎＝最佳　○＝佳　△＝平　X＝差
投機運△　工作運△　未來運○

第112籤　下下籤

財運得35分　步步危機，凡事不能太大意，唯有小心謹慎才不致越弄越糟。

事業得35分　人事方面須多加注意，內部管理多加強，以免「飼老鼠咬布袋」。

家庭得30分　家庭成員行動舉止出現異樣時須馬上溝通處理勿縱容，悔之晚矣。

愛情得30分　自以為是愛情老手，對此段感情有十分把握，豈料一夕生變。

以下僅以　◎＝最佳　○＝佳　△＝平　X＝差
投機運X　工作運X　未來運X

◆第五章　數字籤號吉凶論斷解釋區◆

第113籤　下下籤

從您本身相關的數字或卜卦所得數字，在以下各方面得分

財運得30分　運氣不好，時機不對，要進行的事無法成功，勉強為之自討苦吃。

事業得30分　沒有一點利益可言，且時機不利最好避免進行，不可大意。

家庭得30分　不要輕舉妄動，多和家人商討，執意進行恐將招致失敗與不利。

愛情得30分　不是真命天子(女)，雖一時有熱戀的感覺，終究一拍兩散。

以下僅以　◎=最佳　○=佳　△=平　Ｘ=差
投機運Ｘ　工作運Ｘ　未來運Ｘ

第114籤　下下籤

從您本身相關的數字或卜卦所得數字，在以下各方面得分

財運得50分　財勢氣運略有隱憂，環境中不確定因素多，應謹慎行事。

事業得55分　事業頗有成果，堪稱平順，但事業家庭難兩全，卻也美中不足。

家庭得50分　分身乏術，易疏於對家庭照顧，導致失和感情不睦。

愛情得45分　兩地相思，熱情冷卻，應防感情生變，勞燕分飛。

以下僅以　◎=最佳　○=佳　△=平　Ｘ=差
投機運Ｘ　工作運△　未來運Ｘ

第115籤　下下籤

從您本身相關的數字或卜卦所得數字，在以下各方面得分

財運得40分　財運衰弱困頓，環境不利，當止則止，以防災害與損失。

事業得45分　合作的事業已到盡頭，好聚好散各奔前程，或許較為明智。

家庭得45分　為顧全大局，最好隱忍守份，以柔克剛，否則難以收拾。

愛情得35分　勉強的愛情必定雙方痛苦，各尋前程，互相祝福吧！

以下僅以　◎=最佳　○=佳　△=平　X=差
投機運X　工作運X　未來運X

第116籤　下下籤

從您本身相關的數字或卜卦所得數字，在以下各方面得分

財運得30分　財勢氣運一蹶不振，願望破滅，投資失利。

事業得30分　事業遭逢變故，將失去曾經擁有的王國，失意無助。

家庭得30分　橫遭無情打擊，心事如麻，應忍負重，等待時運轉通。

愛情得30分　愛情遭遇第三者而失利，落寞無耐，應放寬心情，後悔的不會是你。

以下僅以　◎=最佳　○=佳　△=平　X=差
投機運X　工作運X　未來運X

第117籤　中中籤

財運得60分　看似黑暗黎明將近靜待天青，不要盲目前進
多攝取知識靜待時機。

事業得60分　局勢混沌未明進退無準則，多聽取意見之後
再行動，可轉危為安。

家庭得60分　狀況連連讓人招架不住，多請教專家，努力
溝通，會有改善。

愛情得65分　多用心經營愛情，把癥結找出來，也可多方
請教，方有成功的希望。

以下僅以　◎=最佳　○=佳　△=平　✗=差
投機運△　工作運△　未來運△

第118籤　上吉籤

財運得85分　前途光明在貴人指點下，大展才藝一鳴驚
人，成功指日可待。

事業得85分　一步一步來，不管是業務或營利都有不錯的
收穫。

家庭得85分　沒有二心，全家人互相扶持與幫助，逐漸通
順繁榮可得幸福家運。

愛情得85分　感情投入 雙方亦深得對方的心，好好保持
下去，會有好結果。

以下僅以　◎=最佳　○=佳　△=平　✗=差
投機運◎　工作運◎　未來運◎

◆ 學數字斷吉凶，這本最好用 ◆

第119籤　上吉籤

從您本身相關的數字或卜卦所得數字，在以下各方面得分

財運得95分　生逢其時滿面春風，財星高照貴人湧現，快快開門迎接財神吧！

事業得90分　能夠大展鴻圖，平步青雲，專心經營，方可長久。

家庭得85分　財源湧門庭走向富裕幸福，切勿太過奢華與招搖，則易導致破運。

愛情得85分　一切在平順中進行，是天賜良緣不要加油添醋，那可會壞事的。

以下僅以　◎=最佳　○=佳　△=平　X=差
投機運◎　工作運◎　未來運◎

第120籤　上吉籤

從您本身相關的數字或卜卦所得數字，在以下各方面得分

財運得75分　雲開見月好運將到，專心於一事物，致力奮發，終能功成名就。

事業得70分　致力本業發展正派經營，勿受誘惑以致落得白辛苦一場，無所獲。

家庭得70分　一夫一妻誠實正常，若想齊人之福會為此家庭陷入風暴與困境中。

愛情得65分　愛情經過考驗並非一路順暢，切莫有劈腿觀念，否則會煙消雲散。

以下僅以　◎=最佳　○=佳　△=平　X=差
投機運△　工作運△　未來運○

第五章　數字籤號吉凶論斷解釋區

153

第121籤　下下籤

財運得40分　氣運雖強，但易陷於自作聰明，做事不專一，最後兩頭空。

事業得40分　多重障礙，經營危機四伏，能力雖強仍然分身乏術。

家庭得45分　家庭事業兩頭忙，且容易疏忽對家庭的照顧，引發風暴。

愛情得50分　人緣不錯，但容易用情不專，最後，落得兩頭空。

以下僅以　◎=最佳　○=佳　△=平　Ⅹ=差
投機運Ⅹ　工作運Ⅹ　未來運Ⅹ

第122籤　中中籤

從您本身相關的數字或卜卦所得數字，在以下各方面得分

財運得70分　運勢還不很穩，用心培育的卻不能如願發展，輕忽之事反倒成功。

事業得65分　傾全部心力主攻的事業叫好不叫座，不被看好的卻異軍突起。

家庭得65分　很用心想讓家庭和諧富裕，卻有些不順，繼續努力心願可達成。

愛情得60分　愛情長跑已久仍無進展，多留意身邊關心你的人，才是真的一對。

以下僅以　◎=最佳　○=佳　△=平　Ⅹ=差
投機運△　工作運△　未來運△

◆學數字斷吉凶，這本最好用◆

154

第123籤　中中籤

從您本身相關的數字或卜卦所得數字，在以下各方面得分

財運得60分
等待而不放棄希望，即將苦盡甘來，不可因此鬆懈，小人會趁虛而入。

事業得65分
一分耕耘一分收穫，凡努力過的必留下痕跡，汗水不會白流的。

家庭得60分
無論多壞都會過去，同心協力共同創造富裕生活。

愛情得65分
戀愛初期並不是很順利，若能通過考驗，雙方會更加珍惜。

以下僅以　◎=最佳　○=佳　△=平　X=差
投機運△　工作運△　未來運△

第124籤　上吉籤

從您本身相關的數字或卜卦所得數字，在以下各方面得分

財運得75分
天助人助能受關心和愛護，若能積德行善，做善事結善緣，必將好運連連。

事業得75分
正遭受決策難行之際，勇往直前必能排除困難，恢復以往榮景。

家庭得70分
出現問題惹得心煩氣躁，退一步處理家務，致力改善就能平順幸福。

愛情得70分
正面臨困擾中，只差中間人撮合幫忙，方能解決問題獲得收穫。

以下僅以　◎=最佳　○=佳　△=平　X=差
投機運△　工作運○　未來運○

第125籤　下下籤

財運得35分　氣勢衰頹不振，欲進不得，半途而廢，所願難全。

事業得35分　事務進展不順，衆說紛紜，無一定見，事情難成。

家庭得30分　家中不和，爭吵不休，事情難圓心中紛擾難安。

愛情得30分　蜚短流長，愛情受阻，變數增生恐不易成功。

以下僅以　◎=最佳　○=佳　△=平　X=差
投機運X　工作運X　未來運X

第126籤　上吉籤

從您本身相關的數字或卜卦所得數字，在以下各方面得分

財運得90分　行事猶如順水行舟，天助人助，好好規劃努力去執行，可達巔峰。

事業得90分　會有一番不錯的作爲，平步青雲財源滾滾，小蝦米變大鯨魚。

家庭得95分　家宅運勢漸得開展，家庭成員也都有很好的事業，氣氛和樂融融。

愛情得90分　你的感情已融化對方的心，可趁此機會求婚，結婚不成問題。

以下僅以　◎=最佳　○=佳　△=平　X=差
投機運◎　工作運◎　未來運◎

第127籤　下下籤

從您本身相關的數字或卜卦所得數字，在以下各方面得分

財運得50分　氣勢險阻不前，心有餘力不足，欲離困境，尚須時日。

事業得45分　身陷紛擾忙亂之中，想要全身而退恐非易事，堅強奮鬥吧！

家庭得50分　風暴遠颺，安然渡過，但欲享清閒，還言之過早。

愛情得40分　交往情況不佳，欲走還留，進退兩難，全身而退恐難如願。

以下僅以　◎=最佳　○=佳　△=平　✕=差
投機運✕　工作運✕　未來運✕

第128籤　下下籤

從您本身相關的數字或卜卦所得數字，在以下各方面得分

財運得40分　財勢氣運衰弱不穩，處事須明快果決，否則必難成事。

事業得40分　易受阻礙牽絆，業務陷於停頓，願望可能落空。

家庭得40分　處事未能積極，意志動搖，希望易成泡影。

愛情得40分　無法放開心胸，遲疑不前，愛情終無下文。

以下僅以　◎=最佳　○=佳　△=平　✕=差
投機運✕　工作運✕　未來運✕

第五章　數字籤號吉凶論斷解釋區 ◆

157

第129籤　下下籤

從您本身相關的數字或卜卦所得數字，在以下各方面得分

財運得45分　財運不穩，成敗難定，欲突破困局，宜細心推敲。

事業得45分　業務推展遇阻礙，能否突破險境還要看這一段時間的奮鬥。

家庭得45分　恐有誤會衝突發生，宜加強溝通或請求長輩出面化解。

愛情得45分　愛情尚未穩定，能否成爲一對戀人，尚待時間考驗。

以下僅以　◎=最佳　○=佳　△=平　X=差
投機運X　工作運X　未來運X

第130籤　下下籤

從您本身相關的數字或卜卦所得數字，在以下各方面得分

財運得30分　財勢氣運一厥不振，願望破滅，投資失利。

事業得30分　事業遭逢變故，將失去曾經擁有的王國，失意無助。

家庭得30分　遭逢無情打擊，心事如麻，應忍負重，等待時運轉通。

愛情得30分　愛情遭遇第三者而失利，落寞無耐，應放寬心情，後悔的不會是你。

以下僅以　◎=最佳　○=佳　△=平　X=差
投機運△　工作運△　未來運△

第131籤　下下籤

從您本身相關的數字或卜卦所得數字，在以下各方面得分

財運得45分　財運貧弱，萎靡不振，改變心態務本求實，或有可成。

事業得40分　行事過於理想化，好高騖遠，難以成事，恐將註定失敗。

家庭得40分　願望如同空中樓閣，陶醉於幻境之中，不可能實現。

愛情得45分　朝三暮四，易半途而廢，要能覺悟反省，才能有完滿結局。

以下僅以　◎=最佳　○=佳　△=平　X=差
投機運X　工作運X　未來運△

第132籤　下下籤

從您本身相關的數字或卜卦所得數字，在以下各方面得分

財運得50分　氣運阻滯難行，處事應能當機立斷，以防虧本失利。

事業得40分　目前的計劃不適合，無利可圖，不要白費力氣，另謀他途吧！

家庭得45分　家中意見不一，觀念懸殊，如不見改善，恐將不可收拾。

愛情得45分　好不容易建立的感情，卻因個性不合，終將選擇分手。

以下僅以　◎=最佳　○=佳　△=平　X=差
投機運X　工作運X　未來運X

第133籤　上吉籤

從您本身相關的數字或卜卦所得數字，在以下各方面得分

財運得75分　團結就是力量，運用多人的資源知識，同心協力能達高峰。

事業得70分　事業遭受打擊，須謀解決方法，可採取異業聯盟，共創佳績。

家庭得70分　遭受外來侵犯或危害，可運用親情力量，共同協助解除危機。

愛情得70分　愛情觸礁無法繼續進展，宜找好友儘快處理，方能解除危機。

以下僅以　◎=最佳　○=佳　△=平　X=差
投機運○　工作運△　未來運△

第134籤　中中籤

從您本身相關的數字或卜卦所得數字，在以下各方面得分

財運得65分　慢慢走、走的穩、走的久、走的正直，才能到達目的，成就大功大業。

事業得60分　四處奔波，到處忙碌，終究還得不到滿意的結果，多充實知識吧！

家庭得60分　人前人人稱羨，但內部已出現不安之象，該是振作的時候了。

愛情得60分　雙方某方面認知上有相當大的落差，感情無法深入，不要灰心。

以下僅以　◎=最佳　○=佳　△=平　X=差
投機運△　工作運△　未來運△

第135籤　中中籤

從您本身相關的數字或卜卦所得數字，在以下各方面得分

財運得60分　目前運勢略低，面臨某些考驗與危機，多思考，便可安然渡過。

事業得60分　一時疏忽，導致營運狀況不佳，只要能記取教訓，當能有所成就。

家庭得60分　正處於過渡期，可能會辛苦些，不做無謂的抱怨，會否極泰來的。

愛情得60分　感情路上跌跌撞撞，處於分合不定的狀態，凡事退一步會有轉機。

以下僅以　◎=最佳　○=佳　△=平　Ⅹ=差
投機運△　工作運△　未來運△

第136籤　上吉籤

從您本身相關的數字或卜卦所得數字，在以下各方面得分

財運得80分　困難總能化險為夷，即使走在滿目瘡痍的小徑上，路總是平坦的。

事業得80分　雖有競爭對手，幸運之神與你同在，克服萬難，終可獲得勝利。

家庭得80分　家中暫時無法達成共識，俟時機成熟再溝通協調，可得滿意結果。

愛情得80分　目前所交往的對象人緣很好，競爭者眾，不氣餒，愛神為你加持。

以下僅以　◎=最佳　○=佳　△=平　Ⅹ=差
投機運○　工作運○　未來運◎

◆　第五章　數字籤號吉凶論斷解釋區　◆

161

第137籤　上吉籤

從您本身相關的數字或卜卦所得數字，在以下各方面得分

財運得80分　已具足天時、地利、人和，因緣成熟，將大展鴻圖一飛沖天。

事業得70分　雖然長時間處於苦惱狀況中，但已漸露曙光，是開始衝刺的時候。

家庭得70分　雖常有爭吵與不順遂，心能時存善念，定能恢復幸福的家運。

愛情得75分　漸入佳境就要把握機會，找個適當的時機，表明必可達成心願。

以下僅以　◎=最佳　○=佳　△=平　✗=差
投機運○　工作運○　未來運◎

第138籤　上吉籤

從您本身相關的數字或卜卦所得數字，在以下各方面得分

財運得80分　驛馬型適合離家發展，少時四處轉戰職場，幸有貴人扶持終能成功。

事業得85分　有強盛的企圖心能忍受孤軍奮鬥，雖少親情鼓舞，一樣能邁向成功。

家庭得85分　早年為生活打拼奔波勞碌，終有代價，能有幸福美滿的家庭。

愛情得80分　心智早熟，是個情場高手，能夠享受戀愛幸福的滋味。

以下僅以　◎=最佳　○=佳　△=平　✗=差
投機運○　工作運◎　未來運◎

◆ 學數字斷吉凶，這本最好用 ◆

162

第139籤　上吉籤

財運得75分　知福惜福，命運中已到了高峰，就要知足常樂，方可長久興盛。

事業得75分　事業昌盛，不要驕傲自滿，目前不宜再擴張，守住現況就好。

家庭得75分　是一個不錯的局面，家宅可旺守，但要注意勿因目前的好運而鬆懈。

愛情得75分　穩定中發展迅速，甜蜜如意讓人稱羨，三心二意會變成致命傷。

以下僅以　◎=最佳　○=佳　△=平　Ⅹ=差
投機運○　工作運○　未來運○

第140籤　上吉籤

財運得70分　萬事起頭要謹慎，築石根基紮穩，時運將至，有機會大展身手。

事業得70分　經歷谷底時期，現在時機大好，重行張羅整理，能夠一帆風順。

家庭得70分　開始時有些困難，同心協力儲存實力，會使家庭一切亨通圓滿。

愛情得70分　長久處於曖昧不明狀態，現在日益轉好，可以說是充滿希望的時候。

以下僅以　◎=最佳　○=佳　△=平　Ⅹ=差
投機運△　工作運△　未來運○

第141籤　下下籤

財運得55分　氣運雖強，但強勢作為無益時運應自我節制。

事業得55分　理性分析，切莫急躁激進，否則得了面子，卻失了裡子。

家庭得50分　處理家中事務，不宜強求，良性溝通能有效化解爭端。

愛情得50分　追求愛情應順其自然，切莫強求，否則欲速不達。

以下僅以　◎＝最佳　○＝佳　△＝平　X＝差
投機運△　工作運△　未來運△

第142籤　中中籤

財運得65分　能受天磨必成功，經過多少波折與阻礙所累積的努力，即將開花結果。

事業得65分　並非一帆風順，在起起落落中成長，堅定信念終於有今天的成就。

家庭得65分　有歷盡滄桑的感覺，在家人互相勉勵漸漸渡過難關，家運轉強。

愛情得70分　先困難而後成功，一起走來很辛苦，雙方堅持下才有甜蜜愛情。

以下僅以　◎＝最佳　○＝佳　△＝平　X＝差
投機運△　工作運△　未來運○

第143籤　下下籤

財運得35分　氣運阻礙不順，終不能成事，時機不利投資，勿輕舉妄動。

事業得30分　經營陷入泥沼，進退兩難，精神沮喪，難有突破。

家庭得35分　來自家庭的壓力，使精神憔悴，身心受創，寂寞孤獨。

愛情得35分　為情所困，不可自拔，好像有希望卻一直沒有結果，心中痛苦。

以下僅以　◎=最佳　○=佳　△=平　X=差
投機運X　工作運X　未來運X

第144籤　上吉籤

財運得75分　運氣不錯凡事大都能如願，雖有外來的種種變動，都可迎刃而解。

事業得75分　萬事起頭難，忍辱負重，經過長期辛苦耕耘，終於有所成就。

家庭得75分　難免會發生摩擦、產生誤會，唯有發自內心的關懷，生活圓滿。

愛情得75分　會有不錯良緣浮現，但好事多磨，需要時間與毅力才能成就好姻緣。

以下僅以　◎=最佳　○=佳　△=平　X=差
投機運○　工作運○　未來運○

◆　第五章　數字籤號吉凶論斷解釋區　◆

第145籤　下下籤

從您本身相關的數字或卜卦所得數字，在以下各方面得分

財運得45分　財運貧弱，萎靡不振，改變心態務本求實，或有可成。

事業得40分　行事過於理想化，好高騖遠，難以成事，恐將註定失敗。

家庭得40分　願望如同空中樓閣，陶醉於幻境之中，不可能實現。

愛情得45分　朝三暮四，易半途而廢，要能覺悟反省，才能有完滿結局。

以下僅以　◎=最佳　○=佳　△=平　Ｘ=差
投機運△　工作運△　未來運○

第146籤　中中籤

從您本身相關的數字或卜卦所得數字，在以下各方面得分

財運得60分　之前凡事並不十分順利，會慢慢轉為平順，不要求急貪速。

事業得65分　危機也是轉機，事緩則圓，把握時機作適當調整，會有大收穫。

家庭得60分　能夠不計較過往，忘記對方曾經的失誤，真誠相待，爾後家運昌隆。

愛情得60分　牽連太多感情維持的很辛苦，先冷卻一段時間，會有好消息傳來。

以下僅以　◎=最佳　○=佳　△=平　Ｘ=差
投機運Ｘ　工作運△　未來運△

第147籤　　上吉籤

從您本身相關的數字或卜卦所得數字，在以下各方面得分

財運得70分　情況好轉中，身處困難的人要想辦法脫離，如意的人要保持順境。

事業得70分　雖有種種的波濤，但無法擊潰你的鬥志，反而有機會展現才華。

家庭得65分　能苦盡甘來，因失敗多次倍感吃力，放心吧！現有的困擾會過去。

愛情得65分　多次感情失敗，患得患失壓力大，不氣餒持續不斷，可以得到成功。

以下僅以　◎=最佳　○=佳　△=平　Ｘ=差
投機運△　工作運△　未來運○

第148籤　　上吉籤

從您本身相關的數字或卜卦所得數字，在以下各方面得分

財運得80分　「大雞晚啼型」只要多充實，誠信修睦等待時機，定能名財雙收。

事業得85分　經過重重考驗才有目前的成就，不以此志滿，前面還有高峰等您。

家庭得85分　正享受幸福美滿的日子，切不可沈溺溫柔鄉，否則將再陷入困境。

愛情得80分　不可操之過急否則中途會告吹，繼續保持甜蜜，將有好消息到來。

以下僅以　◎=最佳　○=佳　△=平　Ｘ=差
投機運○　工作運◎　未來運◎

◆　第五章　數字籤號吉凶論斷解釋區　◆

167

第149籤　下下籤

從您本身相關的數字或卜卦所得數字，在以下各方面得分

財運得30分　運氣不好，時機不對，要進行的事無法成功，勉強爲之自討苦吃。

事業得30分　沒有一點利益可言，且時機不利最好避免進行，不可大意。

家庭得30分　不要輕舉妄動，多和家人商討，執意進行恐將招致失敗與不利。

愛情得30分　不是眞命天子(女)，雖一時有熱戀的感覺，終究一拍兩散。

以下僅以　◎=最佳　○=佳　△=平　Ⅹ=差
投機運△　工作運△　未來運△

第150籤　上吉籤

從您本身相關的數字或卜卦所得數字，在以下各方面得分

財運得80分　運勢漸漸通順，才能有所發揮，充滿喜悅與希望。

事業得85分　走對行業可以盡情施展才華並得到認同，假以時日成就非凡。

家庭得80分　已渡過艱困期，夫妻間能互相扶持感情融洽，陶醉在幸福中。

愛情得85分　有異國情緣，彼此的緣分深厚，要把握這段良緣。

以下僅以　◎=最佳　○=佳　△=平　Ⅹ=差
投機運◎　工作運◎　未來運○

◆ 學數字斷吉凶，這本最好用 ◆

第四節　第151籤到第200籤吉凶論斷區

第151籤　下下籤

從您本身相關的數字或卜卦所得數字，在以下各方面得分

財運得40分　經營困難，無法掌控局勢，容易與人爭執，應防嚴重損失。

事業得40分　家庭易生紛擾，因小事爭吵不休，建立互信刻不容緩。

家庭得40分　運勢疲弱，風波不斷，糾紛迭起成功機會渺茫。

愛情得40分　關係不穩定，雙方信任度不夠，難有突破發展空間。

以下僅以　◎＝最佳　○＝佳　△＝平　X＝差
投機運X　工作運X　未來運X

第152籤　上吉籤

從您本身相關的數字或卜卦所得數字，在以下各方面得分

財運得75分　埋沒多時的才華漸露頭角，積極尋找機會，努力不懈，水到渠成。

事業得75分　鹹魚翻身已從谷底走出來，堅持立場，如今時來運轉大展鴻圖。

家庭得70分　不如意已有一段時日，同心協力克服走過，將會感受到愈平順。

愛情得70分　多角關係已解除，很快就能穩定下來，成為人人稱羨的情侶。

以下僅以　◎＝最佳　○＝佳　△＝平　X＝差
投機運△　工作運△　未來運○

169

第153籤　下下籤

財運得40分　財運逆轉，朝不利方向前進，應及時省悟，儘早防範。

事業得45分　錯誤的決定，將使事業陷入危境，勿被美麗虛幻的前景所騙。

家庭得45分　外表甜蜜幸福，其實家內失和，危機正逐漸醞釀中。

愛情得40分　感情似乎發展順利，但卻是一條難有結局的情路。

以下僅以　◎=最佳　○=佳　△=平　Ｘ=差
投機運Ｘ　工作運Ｘ　未來運Ｘ

第154籤　中中籤

從您本身相關的數字或卜卦所得數字，在以下各方面得分

財運得65分　凡事應量力而為，三思而後行，做事守本份進退有據，即可平安。

事業得65分　會有不尋常的危機產生，一念之間決定成敗，要有宏觀去做判斷。

家庭得60分　現有問題讓你左右為難，過猶不及均非所宜，順應自然知足常樂。

愛情得60分　陷入兩難，誰是命中情人誰是過客，如何取捨，考驗您的智慧。

以下僅以　◎=最佳　○=佳　△=平　Ｘ=差
投機運△　工作運△　未來運△

◆學數字斷吉凶，這本最好用◆

第155籤　中中籤

從您本身相關的數字或卜卦所得數字，在以下各方面得分

財運得60分
盛極必有衰，有所成的時候要懂得節制及明哲保身，瞻前顧後。

事業得65分
辛苦佈局，如今有所成，不要利慾薰心，見好就收才是明智之舉。

家庭得60分
家運由艱辛漸入安康，但仍須刻苦耐勞，以免家運衰退。

愛情得55分
雙方志趣不投，貌合神離，但又分分合合，教人頭大，孽緣一場。

以下僅以　◎=最佳　○=佳　△=平　Ｘ=差
投機運△　工作運△　未來運△

第156籤　上吉籤

從您本身相關的數字或卜卦所得數字，在以下各方面得分

財運得90分
好運當前能夠突破以前的難關，欣欣向榮有大收穫。

事業得85分
行事標準要彈性，大原則不變小原則隨變，能得心應手業績直升。

家庭得80分
困苦與波折都已成雲煙，家運逐漸好轉，光明幸福在望。

愛情得80分
進退有序，戀情會逐漸加溫，享受愛情的滋味。

以下僅以　◎=最佳　○=佳　△=平　Ｘ=差
投機運○　工作運○　未來運◎

第157籤　上吉籤

財運得80分　一元復始，可以得到貴人的幫助與提攜，成功指日可待。

事業得85分　是你的大好時機，對於事業上已經有很好規劃時要好好的衝刺。

家庭得85分　各項事務都按照規劃進行，全員同心協力會使家庭一切亨通圓滿。

愛情得85分　雙方是有緣的一對戀人，能積極主動會有意想不到的喜悅發生。

以下僅以　◎=最佳　○=佳　△=平　Ｘ=差
投機運○　工作運◎　未來運◎

第158籤　上吉籤

財運得90分　運來城牆亦擋不住，一切可照自己的心願實行，是功成名就之時。

事業得95分　是你的大好時機，事半功倍的結果，順勢而為可獲得成功。

家庭得90分　由平轉旺，可照自己原有的計劃或想做的事去投資，家人會支持。

愛情得95分　有道是人逢喜事精神爽，郎才女貌天作之合，可成功結成美眷。

以下僅以　◎=最佳　○=佳　△=平　Ｘ=差
投機運◎　工作運◎　未來運◎

第159籤　中中籤

從您本身相關的數字或卜卦所得數字，在以下各方面得分

財運得65分　運勢不錯但也暗藏危機，過於草率的決策與行動會落得白忙一場。

事業得70分　經營會獲利，但須注意因意外事故引起的損失與傷害。

家庭得65分　事事順心，切忌橫行無忌，小心盛極而衰，要有貯存過多的準備。

愛情得65分　愛情發展順利，少了謹慎之心，忽略理所當然，會被趁虛而入。

以下僅以　◎=最佳　○=佳　△=平　Ｘ=差
投機運△　工作運○　未來運△

第160籤　下下籤

從您本身相關的數字或卜卦所得數字，在以下各方面得分

財運得35分　氣運衰危，處境堪慮，凡事謹慎小心，投資應三思。

事業得30分　危機四伏，陷於進退兩難之境，應穩步踏實，靜待時運解通。

家庭得30分　狀況不佳，內部失和，家運漸走下坡，應提防意外發生。

愛情得30分　失敗是可以預見的，縱能維持一段時間，最後還是無緣的結果。

以下僅以　◎=最佳　○=佳　△=平　Ｘ=差
投機運Ｘ　工作運Ｘ　未來運Ｘ

第161籤　中中籤

財運得60分　成功之前是必須付出心力與代價的，為人要懂的捨，有捨才有得。

事業得60分　有捨必有得，之前的投資雖有風險，若能帶來大商機，值得的。

家庭得60分　家中的各項開銷、教育花費甚多算是一種投資，也是責任及義務。

愛情得70分　平穩中成長，偶爾送個貼心小禮物製造氣氛，進展會更順利。

以下僅以　◎=最佳　○=佳　△=平　X=差
投機運△　工作運△　未來運○

第162籤　中中籤

財運得65分　雖有雄才大略，志在千里，但囿於環境所羈，委屈求全先苦後甘。

事業得65分　面臨兩難的抉擇，應審慎思考，決定後就全力以赴。

家庭得65分　有一些事讓你猶豫不決，宜多做溝通，開誠佈公當可迎刃而解。

愛情得65分　理想很高，常面臨取捨的困難，要抉擇時，宜多了解對方。

以下僅以　◎=最佳　○=佳　△=平　X=差
投機運△　工作運△　未來運△

第163籤　上吉籤

財運得70分　氣勢很強，事事順利，但易遭人陷害，只要行的正，自然無風浪。

事業得75分　有人造謠與是非攻擊，但你可以放手去做，成功時會歸於平靜。

家庭得70分　蜚短流長批評家中成員，不要隨之起舞，家庭才會和諧。

愛情得70分　感情熱戀中，有人嫉妒會想破壞，不必理會謠言，戀愛是甜蜜的。

以下僅以　◎=最佳　○=佳　△=平　Ⅹ=差
投機運△　工作運○　未來運△

第164籤　下下籤

財運得40分　氣勢轉衰，困頓不前，投資見利，尚須等待時機。

事業得40分　業務發展不順，業績不穩定、大起大落，若要突破，還須周旋。

家庭得45分　感情、親情都須細心維護，辛苦繼續經營，方能時來運轉。

愛情得40分　愛情進展難如願，好事多磨，要花一番心力，分合難定。

以下僅以　◎=最佳　○=佳　△=平　Ⅹ=差
投機運Ⅹ　工作運Ⅹ　未來運Ⅹ

第165籤　下下籤

財運得40分　財運不穩，有心無力，事情發展難以圓滿，不用強求。

事業得45分　有利時機已失，莫強求擴展，應固守本業，一切隨緣。

家庭得45分　順應自然之道，清靜自得，強勢主導，反而有傷和諧。

愛情得40分　愛情運未開，恐怕難尋理想對象，靜待月老安排吧！

以下僅以　◎=最佳　○=佳　△=平　╳=差
投機運╳　工作運╳　未來運╳

第166籤　上吉籤

從您本身相關的數字或卜卦所得數字，在以下各方面得分

財運得95分　步步高陞，聲望、事業都漸漸高升，又有貴人相助，可締造佳績。

事業得95分　事業上有很好的運勢，可得到朋友相助，達成自己所想的境界。

家庭得95分　喜事連連，生活達到一定的水準，更有喜慶之事降臨。

愛情得95分　感情路上很平順，互相扶持，如膠似漆，共同籌劃美好的未來。

以下僅以　◎=最佳　○=佳　△=平　╳=差
投機運◎　工作運◎　未來運◎

◆學數字斷吉凶，這本最好用◆

第167籤　中中籤

從您本身相關的數字或卜卦所得數字,在以下各方面得分

財運得60分　前途歧曲坎坷,好事多磨,須堅苦奮鬥,方能達成願望。

事業得60分　事業經營常遇困難險阻,但終能化險為夷,步入順利坦途。

家庭得60分　含辛茹苦,克服困苦,靠著愛心與耐心,終得繁榮幸福。

愛情得65分　幾經波折,以及時間的考驗,終能獲得最真心的愛情。

以下僅以 ◎=最佳　○=佳　△=平　X=差
投機運△　工作運△　未來運○

第168籤　中中籤

從您本身相關的數字或卜卦所得數字,在以下各方面得分

財運得65分　改正缺失調整方向,安於正道,則前途將有可為。

事業得65分　獨資創業不易,最好能尋得資力雄厚之人合夥,則事業欣欣向榮。

家庭得65分　爭執過後若能各退一步從善如流,對家庭的融和反而是幫助。

愛情得69分　能有破鏡重圓的機會,重新燃起愛的火花,愛情更加甜蜜。

以下僅以 ◎=最佳　○=佳　△=平　X=差
投機運△　工作運△　未來運△

◆第五章　數字籤號吉凶論斷解釋區◆

177

第169籤　下下籤

財運得30分　財運不順，樂至禍隨行，成敗難料，不適合投資。

事業得30分　由喜轉悲，事與願違，理想和現實差距頗大，難望成功。

家庭得30分　美夢轉眼成空，徒留一片殘局，無奈失意之象。

愛情得35分　甜蜜時光短暫，感情發展可能生變，獨留惆悵相思。

以下僅以　◎=最佳　○=佳　△=平　╳=差
投機運╳　工作運╳　未來運╳

第170籤　上吉籤

從您本身相關的數字或卜卦所得數字，在以下各方面得分

財運得85分　鴻福齊天逢凶化吉，心中不可懷疑盡心盡力，自然可得廣大助力。

事業得85分　謀事在人，成事在天，能得天時之助，放手一博，事情會成功的。

家庭得80分　事情決定了就不要猶豫不決，放心去實行，會如願的。

愛情得80分　感情路上會有不錯的喜訊，彼此心意相通，大膽告白吧！

以下僅以　◎=最佳　○=佳　△=平　╳=差
投機運◎　工作運○　未來運◎

◆ 學數字斷吉凶，這本最好用 ◆

第171籤　下下籤

從您本身相關的數字或卜卦所得數字，在以下各方面得分

財運得35分　財勢漸通，但時機尚未成熟，能力不足，無法如願。

事業得35分　目標明確，計劃完善，唯力量不足，難獲成功，應再加強。

家庭得45分　家庭經營漸露曙光，應繼續努力幸福可求。

愛情得40分　須加緊用心，把握機會，善用方法，才有成功希望。

以下僅以　◎=最佳　○=佳　△=平　Ｘ=差
投機運Ｘ　工作運Ｘ　未來運Ｘ

第172籤　上吉籤

從您本身相關的數字或卜卦所得數字，在以下各方面得分

財運得90分　運勢極旺，可積極規劃或執行心中所想，宜把握機會可大展鴻圖。

事業得90分　走對行，如魚得水，營運也會豐利順手，前途一片大好。

家庭得90分　家庭有聚財，並有運勢轉強的現象，雖然辛勞，心中非常滿意。

愛情得85分　充滿愛心與體貼，偶有甜蜜的爭執，卻不影響感情，終成眷屬。

以下僅以　◎=最佳　○=佳　△=平　Ｘ=差
投機運◎　工作運◎　未來運◎

第173籤　下下籤

從您本身相關的數字或卜卦所得數字，在以下各方面得分

財運得40分　財利難開展，凡事勿強求，應謹守崗位，安分守己。

事業得45分　經營面臨困境，莫有非份之想，應腳踏實地，量力而爲。

家庭得45分　家運不興，事與願違，應暫時忍耐，靜待肇因解除。

愛情得40分　美夢難圓，困難重重，心中所願難望達成，不須強求。

以下僅以　◎=最佳　○=佳　△=平　╳=差
投機運╳　工作運╳　未來運╳

第174籤　下下籤

從您本身相關的數字或卜卦所得數字，在以下各方面得分

財運得40分　財運不順，事緩則吉，妄動不利煩惱多，愼重爲宜。

事業得45分　經營不順，失意落寞，平常心以對，必能緩步前進。

家庭得45分　家中不和，產生許多憂愁，耐心加上柔順勸導，方能無憂。

愛情得40分　愛情進展太快，並非好事，還是放慢腳步，仔細觀察吧！

以下僅以　◎=最佳　○=佳　△=平　╳=差
投機運╳　工作運╳　未來運╳

◆學數字斷吉凶，這本最好用◆

第175籤　上吉籤

從您本身相關的數字或卜卦所得數字，在以下各方面得分

財運得90分　運勢極平順各方面都有不錯的收穫與進展，更得友人提攜與幫助。

事業得95分　是創業的最佳時機，大力衝刺的黃金期，可開分公司，順利如意。

家庭得95分　喜上眉梢，男大當婚女大當嫁或有其它喜事臨門，充滿喜樂之象。

愛情得90分　有如春雷一般，感情談得轟轟烈烈，可受到眾人的祝福。

以下僅以　◎=最佳　○=佳　△=平　Ｘ=差
投機運◎　工作運◎　未來運◎

第176籤　中中籤

從您本身相關的數字或卜卦所得數字，在以下各方面得分

財運得60分　財運漸開朗，惟時機尚未成熟，不必悲觀失意，終成如願。

事業得65分　經營事業並不如預期的順利，如能自立自強，可達成豐碩成果。

家庭得65分　勞心勞力，成家方知持家難，同心協力則可家運昌隆。

愛情得60分　情路歧曲波折不斷，幸皇天不負苦心人，事情已有轉機。

以下僅以　◎=最佳　○=佳　△=平　Ｘ=差
投機運△　工作運△　未來運△

第177籤　中中籤

財運得60分　財運貧弱，有如行善之公益團體，濟世為第一要務，有出無入。

事業得65分　勤奮勞力，只顧著替人著想，忽略自己健康，宜對自己好一點。

家庭得69分　家庭內感情融洽，每個人都能為「家」，無悔付出。

愛情得69分　能尋得真愛，互相情投意合，愛情順利進展。

以下僅以　◎=最佳　○=佳　△=平　Ｘ=差
投機運△　工作運○　未來運△

第178籤　下下籤

從您本身相關的數字或卜卦所得數字，在以下各方面得分

財運得40分　財運受阻，理想難以實現，不利投資，須慎重考慮。

事業得45分　事情變化難測，處境艱難，應謹守崗位，等待時來運轉。

家庭得45分　想做的事難以完成，處於多事之秋，安分守己，方可突破困境。

愛情得40分　情緣薄弱，感情不穩，低調進行細心維護，或有希望。

以下僅以　◎=最佳　○=佳　△=平　Ｘ=差
投機運Ｘ　工作運Ｘ　未來運Ｘ

◆學數字斷吉凶，這本最好用◆

第179籤　上吉籤

從您本身相關的數字或卜卦所得數字，在以下各方面得分

財運得90分 命運之神眷顧，懂的順應時勢，把握每個機會開創成功。

事業得95分 實力可以發揮，一路順暢，有如神助，「錢」途一片看好。

家庭得90分 在他鄉奮鬥中的人，常常報喜訊，雖在外地，事事吉祥如意。

愛情得90分 千里姻緣一線牽，月老早已綁好紅線，快要告別單身生活了。

以下僅以　◎=最佳　○=佳　△=平　X=差
投機運◎　工作運◎　未來運◎

第180籤　下下籤

從您本身相關的數字或卜卦所得數字，在以下各方面得分

財運得40分 財勢不振，晦暗不明，須當機立斷，否則愈陷愈深。

事業得40分 流言所及，有損商譽，應誠實因應，儘速說明，遏止傷害擴大。

家庭得40分 沈迷安逸，當心惹禍，如能及時悔悟，傷害可降至最小。

愛情得40分 波濤揚沸，不利流言四起，儘速出面澄清，方能無礙。

以下僅以　◎=最佳　○=佳　△=平　X=差
投機運X　工作運X　未來運X

第181籤　次吉籤

財運得75分　　財運漸趨平順，拿定主意，不久將會有所進展。

事業得75分　　業務將有所突破，得以順利進行獲得成效。

家庭得75分　　聚少離多的日子將結束，往日歡笑即將重現。

愛情得70分　　您日夜思念的情人，終於有了回音，不久將可重續前緣。

以下僅以　◎=最佳　○=佳　△=平　X=差
投機運○　工作運○　未來運◎

第182籤　中中籤

財運得65分　　財運略有起步，但須小心謹慎，勿起貪念，不輕信他人之言。

事業得65分　　競爭者逐漸增多，切要正派經營勿起貪念，方能平順發展。

家庭得60分　　會在戰戰兢兢中渡過，亦能安穩前進，好與壞都看你如何取捨。

愛情得60分　　好壞全是自己選擇的，該進該退，必須有明確的抉擇。

以下僅以　◎=最佳　○=佳　△=平　X=差
投機運X　工作運△　未來運△

◆學數字斷吉凶，這本最好用◆

第183籤　上吉籤

從您本身相關的數字或卜卦所得數字，在以下各方面得分

財運得90分　運勢極盛，凡事可求只要心誠意堅，則一切會有不錯的結果。

事業得90分　正值大好時運，目前進行的業務可達到自己所想要的境界。

家庭得90分　家宅順遂，不管投資理財或許也有喜事，目前充滿幸福時刻。

愛情得85分　彼此有緣雙方會有一定的感情基礎，可成為戀人，不要錯失良機。

以下僅以　◎=最佳　○=佳　△=平　X=差
投機運◎　工作運◎　未來運◎

第184籤　下下籤

從您本身相關的數字或卜卦所得數字，在以下各方面得分

財運得55分　氣運受阻，財運衰弱，幸賴貴人排解，重整旗鼓。

事業得55分　無力經營，瀕臨瓦解，幸得貴人相助，扭轉頹勢。

家庭得55分　遭逢變故，有傾覆的危機，有賴貴人協助及家人團結，方能化解。

愛情得50分　感情起變化，有分手跡象，應用心留意，否則失意。

以下僅以　◎=最佳　○=佳　△=平　X=差
投機運X　工作運△　未來運△

第185籤　下下籤

從您本身相關的數字或卜卦所得數字，在以下各方面得分

財運得45分
財運不穩定，事前應多規劃，掌握有利時機，方能有所得。

事業得50分
須要謹慎行事，切勿粗心大意，輕舉妄動，欲速不達。

家庭得50分
做事要有考量，須溝通協調，妥善準備，方能圓滿。

愛情得50分
想要增加感情深度，須花一番功夫，急躁冒進容易失敗。

以下僅以　◎=最佳　○=佳　△=平　Ⅹ=差
投機運Ⅹ　工作運Ⅹ　未來運Ⅹ

第186籤　上吉籤

從您本身相關的數字或卜卦所得數字，在以下各方面得分

財運得80分
運勢好可完成大事業，要能適度放鬆自己，以免引起身心不協調。

事業得80分
經營的相當不錯，但不要有太過份的想法與念頭，會有益友相助。

家庭得80分
家中事務進行順利，不要因個人的情緒失控而影響家庭運勢。

愛情得80分
天定佳緣，一路走來也順暢，只要互相坦白，才會有好結局。

以下僅以　◎=最佳　○=佳　△=平　Ⅹ=差
投機運○　工作運○　未來運◎

第187籤　上吉籤

從您本身相關的數字或卜卦所得數字，在以下各方面得分

財運得85分
最佳良機已到，可得貴人相助，不用事必躬親，能廣結善緣更好。

事業得85分
業績不錯，可得如意夥伴或新股東加入都能使業績更上層樓。

家庭得80分
家中決定的事情該做就馬上去實行，不要猶豫；用人不疑會有成果的。

愛情得80分
雖是媒妁之緣，但你們的緣份是很深厚的，值得交往。

以下僅以　◎=最佳　○=佳　△=平　Ⅹ=差
投機運○　工作運◎　未來運◎

第188籤　下下籤

從您本身相關的數字或卜卦所得數字，在以下各方面得分

財運得30分
氣運轉趨暗淡，事與願違，投資不能得利，容易招受損失。

事業得30分
自信滿滿，一意孤行，錯估情勢造成莫大損傷。

家庭得35分
有危機應面對現實，不可逃避掩飾，造成更深傷害。

愛情得35分
理想和現實差距太大，應作理性評估，否則陷入痛苦。

以下僅以　◎=最佳　○=佳　△=平　Ⅹ=差
投機運Ⅹ　工作運Ⅹ　未來運Ⅹ

第189籤　上吉籤

從您本身相關的數字或卜卦所得數字，在以下各方面得分

財運得85分　運勢很好，有成功的機會，處事誠懇待人和悅去從事則更完美。

事業得90分　正是發揮專業技術的時候，掌握地利人和即可成功。

家庭得85分　有漸盛的趨勢，夫妻若能相扶持用心經營，會有不錯的成果。

愛情得90分　雙方的感情有不錯的良緣牽引，亦有眾多的幫助與祝福。

以下僅以　◎=最佳　○=佳　△=平　Ｘ=差
投機運◎　工作運◎　未來運○

第190籤　中中籤

從您本身相關的數字或卜卦所得數字，在以下各方面得分

財運得60分　財運不穩定，福禍因果全在於面對事物之處理態度而定。

事業得60分　投資標的不太明確，宜先穩定現況，等待時機成熟，再作謀計。

家庭得65分　家中潛藏的問題不少，若能理性面對，夫妻和順容忍，家運自然亨通。

愛情得65分　有暗戀的對象或有人暗戀你，注意四周的異性朋友或可看出端倪。

以下僅以　◎=最佳　○=佳　△=平　Ｘ=差
投機運△　工作運△　未來運△

◆學數字斷吉凶，這本最好用◆

188

第191籤　下下籤

從您本身相關的數字或卜卦所得數字，在以下各方面得分

財運得35分　財運不佳，大財難得，投資買賣均非所宜。

事業得40分　暫時固守本業，隱忍自重，小心謹慎，靜待良機。

家庭得40分　灰心失意，家運衰退，宜保守行事，否則招災惹禍。

愛情得40分　不必太勉強，應有心理準備，下個情人可能會更好。

以下僅以　◎=最佳　○=佳　△=平　X＝差
投機運X　工作運X　未來運X

第192籤　上吉籤

從您本身相關的數字或卜卦所得數字，在以下各方面得分

財運得85分　大好吉運，應該要做好規劃，並把握時機，則一定能邁向成功。

事業得80分　雖然內部有些不同聲音，建議都能溝通排解，更有向心力。

家庭得80分　遭遇一些意想不到的狀況，全家齊心處理，和諧美滿更勝以往。

愛情得80分　倆人對未來規劃，意見不一致，經過協調溝通終於有了共識。

以下僅以　◎=最佳　○=佳　△=平　X＝差
投機運○　工作運○　未來運◎

◆　第五章　數字籤號吉凶論斷解釋區　◆

189

第193籤　上吉籤

財運得90分　運氣特別好，一切亨通欣欣向榮，名利雙收之象。

事業得90分　能突破以往的困境，並大有斬獲多方經營財源廣進。

家庭得90分　喜事臨門，家中成員有人高陞，或者找到好的伴侶。

愛情得90分　紅鸞星動，會有意外喜悅的戀情發生，好好把握。

以下僅以　◎=最佳　○=佳　△=平　X=差
投機運◎　工作運◎　未來運◎

第194籤　中中籤

財運得60分　財運平平，得到的虛名總是多過於實質利益。

事業得65分　事業可得小成就，但莫再貪求錦上添花，做些對社會有益的回饋。

家庭得69分　奔波忙碌為家庭，卻也容易忽略彼此的互動，應多花些心思。

愛情得60分　雖有追求對象卻難得到真愛，偶有風波就容易分手。

以下僅以　◎=最佳　○=佳　△=平　X=差
投機運△　工作運○　未來運△

第195籤　下下籤

財運得45分　氣運不平順，不確定因素太多，宜保守現狀。

事業得50分　事業擴充太快，心力無法配合，宜放緩腳步，整頓後再出發。

家庭得45分　遇事猶豫，拿不定主意，內部產生矛盾，後果堪慮。

愛情得45分　交往不順利，貌合神離，要成功尚須時間考驗。

以下僅以　◎=最佳　○=佳　△=平　X=差
投機運X　工作運X　未來運X

第196籤　上吉籤

財運得90分　氣運亨通，富貴吉祥，廣闢福田多行善事，前途必能欣榮。

事業得90分　為人廣結善緣，行事不忘積德，事業逐漸興隆，順利成功。

家庭得90分　行善之家必有餘慶，多施歡喜心家中自然和諧興旺。

愛情得90分　真心誠意，互相欣賞，感情進展順利，可得幸福良緣。

以下僅以　◎=最佳　○=佳　△=平　X=差
投機運◎　工作運◎　未來運◎

第197籤　下下籤

財運得40分　財運不利，暫持保守態度，不急進不妄求，能保安康。

事業得45分　若想提昇業績，並不容易，先求站穩步伐，再圖衝刺。

家庭得45分　評估情勢，量力而為，避免受外界誘惑，而鑄成錯誤。

愛情得40分　不可花心腳踏兩條船，否則煩惱多多。

以下僅以　◎=最佳　○=佳　△=平　X=差
投機運X　工作運X　未來運X

第198籤　下下籤

從您本身相關的數字或卜卦所得數字，在以下各方面得分

財運得35分　運勢不平順，心神不寧，牽扯不清，財利暫時無望。

事業得35分　內外交困，無所適從，請求他人相助，或能化解危機。

家庭得35分　遭遇困境，家中又紛爭不休，應求助親友，協力解決。

愛情得40分　思緒難安，心亂如麻，化解之道在於耐心。

以下僅以　◎=最佳　○=佳　△=平　X=差
投機運X　工作運X　未來運X

第199籤　上吉籤

從您本身相關的數字或卜卦所得數字，在以下各方面得分

財運得75分　財勢氣運尚佳，依循正道投資經營，則可順利成功，投機則不佳。

事業得79分　經營事業務必慎重其事，循規蹈矩，不宜急躁妄進，可成就大業。

家庭得79分　如能安守本分，勤儉持家，則能漸漸走向康莊大道，和樂幸福。

愛情得75分　自愛自重，以誠相待，切忌舉止輕浮，感情自然能獲進展。

以下僅以　◎=最佳　○=佳　△=平　X=差
投機運△　工作運○　未來運○

第200籤　上吉籤

從您本身相關的數字或卜卦所得數字，在以下各方面得分

財運得95分　財運氣勢登峰造極，富貴顯達，一帆風順，平步青雲。

事業得90分　事情能得對方認同與強烈支持，喜訊頻傳，成功提前來到。

家庭得90分　家庭和諧幸福，互相信任，團結一致，家運隆昌長久。

愛情得90分　互相欣賞，感情迅速成長，一路平順，結局圓滿。

以下僅以　◎=最佳　○=佳　△=平　X=差
投機運◎　工作運◎　未來運◎

◆ 第五章　數字籤號吉凶論斷解釋區 ◆

第五節 第201籤到第250籤吉凶論斷區

第201籤 下下籤

從您本身相關的數字或卜卦所得數字，在以下各方面得分

財運得30分 　環境不利，突生變故，孤立無援成功無期。

事業得30分 　風波四起，無力解決，失意無奈，只能容忍自重。

家庭得30分 　環境不利，坐困愁城，應鼓起精神，勇敢面對。

愛情得35分 　閒言閒語，阻礙感情發展，愛情熱度漸消失。

以下僅以 ◎=最佳 ○=佳 △=平 Ｘ=差
投機運Ｘ 工作運Ｘ 未來運Ｘ

第202籤 下下籤

從您本身相關的數字或卜卦所得數字，在以下各方面得分

財運得40分 　氣運不順，無端起風波，事情恐生變故，不如預期。

事業得40分 　謹慎行事，注意細節，以防無心之過，造成損失。

家庭得45分 　家運尚盛，只是言語上經常衝突，宜互相體諒，以保盛運。

愛情得40分 　突有風波阻礙，宜謹言慎行，冷靜思考，或可化解。

以下僅以 ◎=最佳 ○=佳 △=平 Ｘ=差
投機運Ｘ 工作運Ｘ 未來運Ｘ

第203籤　下下籤

從您本身相關的數字或卜卦所得數字，在以下各方面得分

財運得50分　堅定信念，把握原則，切忌朝三暮四，能獨力完成目標。

事業得45分　內部容易產生人事不合，得有寬大器度，化解危機。

家庭得40分　經常意見不和，步調難一致，應多協調共創幸福。

愛情得45分　心意不定，容易錯失機會，用情專一，則順利發展。

以下僅以　◎=最佳　○=佳　△=平　X=差
投機運X　工作運X　未來運△

第204籤　下下籤

從您本身相關的數字或卜卦所得數字，在以下各方面得分

財運得50分　財運尚可，但潛伏危機，宜小心防範，當可化危為安。

事業得50分　前景看好，但應謹慎行事，否則易遭暗中破壞。

家庭得50分　家事勿外揚，不驕不奢，小心謹慎，能保安康。

愛情得55分　應低調進行，免遭惡意攻訐，不要宣揚，成功機會較大。

以下僅以　◎=最佳　○=佳　△=平　X=差
投機運△　工作運△　未來運△

第205籤　上吉籤

財運得85分　功名顯達，富貴盈門，氣運旺盛宜多行善施，得保安康。

事業得80分　身居要職，如能遵守正道，前途大有可為，否則易生失敗。

家庭得80分　家運榮昌，富貴幸福，慎防驕奢導致破運，而家道不興。

愛情得75分　愛苗滋長，花開並蒂、切勿得意忘形過份驕怠，否則感情易破裂。

以下僅以　◎=最佳　○=佳　△=平　X=差
投機運○　工作運◎　未來運○

第206籤　上吉籤

財運得75分　財運逐漸通達，行事積極主動，確立理想與目標，則能名利雙收。

事業得79分　掌握時機，勇敢果決，多借助他人力量，事業成功順利。

家庭得79分　家庭氣氛美滿融洽，喜慶吉祥，家運日漸興盛，能順利如願。

愛情得79分　陶醉在甜蜜的愛河裡，愛情順利發展，會有美好結局。

以下僅以　◎=最佳　○=佳　△=平　X=差
投機運○　工作運○　未來運◎

第207籤　中中籤

財運得60分　財運尚未穩定，一路走來搖擺不定，投資應多請教專業之人。

事業得65分　事業經營勞心費力，目前所遇到的難題若能多向人請益，可解決。

家庭得65分　家運已有好轉趨勢，家庭問題隨時徵詢專家，自然可得妥適解答。

愛情得60分　心中尚存疑惑，若想瞭解對方是否真誠，考驗一回便見分曉。

以下僅以　◎=最佳　○=佳　△=平　X=差
投機運△　工作運△　未來運△

第208籤　上吉籤

財運得70分　財運氣運平順，按步就班，循序漸進，切忌急躁妄進。

事業得75分　耐心經營穩當行事，力求完美，時機成熟，自然水到渠成。

家庭得70分　事有輕重緩急，循序漸進，當可撥雲見日，順利愉快。

愛情得75分　慢慢建立起甜蜜情誼，不可急躁，免得弄巧成拙，事緩則圓。

以下僅以　◎=最佳　○=佳　△=平　X=差
投機運△　工作運○　未來運○

◆ 第五章　數字籤號吉凶論斷解釋區 ◆

第209籤　上吉籤

財運得79分　將脫離陰霾困境，若往他處發展可邁向光明前程，成功有望。

事業得75分　逆境漸已遠離，請教他人指點迷津，不要猶豫不決，當有可成。

家庭得79分　家庭生活難免意見不合，多聽從長輩意見行事，則家和萬事興。

愛情得79分　誤會得以化解，感情更得進展，不必疑慮不安，會有好結局。

以下僅以　◎=最佳　○=佳　△=平　╳=差
投機運○　工作運○　未來運◎

第210籤　上吉籤

從您本身相關的數字或卜卦所得數字，在以下各方面得分

財運得95分　氣勢如日中天，財運亨通，正是投資最佳時機，能如願。

事業得90分　業務推展盡在掌握之中，能順利執行，成功無礙。

家庭得90分　人逢喜事精神爽，諸事如意吉祥，家運興盛之象。

愛情得90分　愛情持續加溫，陶醉在愛河裡，甜蜜幸福。

以下僅以　◎=最佳　○=佳　△=平　╳=差
投機運◎　工作運◎　未來運◎

◆學數字斷吉凶，這本最好用◆

198

第211籤　上吉籤

從您本身相關的數字或卜卦所得數字，在以下各方面得分

財運得95分　財運昌盛亨通，適逢其時，無往不利，名利雙收之象。

事業得95分　大環境適合您的事業，若能配合社會脈動，能更上層樓。

家庭得95分　家中之事能順利成功，喜氣洋洋家運昌隆繁盛。

愛情得95分　愛情甜蜜，如膠似漆，感情順利成長，結果美滿。

以下僅以　◎=最佳　○=佳　△=平　X=差
投機運◎　工作運◎　未來運◎

第212籤　下下籤

從您本身相關的數字或卜卦所得數字，在以下各方面得分

財運得35分　財運低迷，利路不通，難有成功之象。

事業得35分　內部上下不合，士氣不振，將導致事業衰敗。

家庭得35分　家庭內意見不和，常有爭吵，以合為貴，共謀幸福。

愛情得30分　家人反對，交往不順利，恐怕美夢難成。

以下僅以　◎=最佳　○=佳　△=平　X=差
投機運X　工作運X　未來運X

第213籤　上吉籤

財運得90分　財運旺盛，諸事順利，努力耕耘終有驚喜收穫。

事業得90分　堅持信念，勇往直前，業績很快就能上揚，且能帶來豐厚利潤。

家庭得90分　努力終有回報，心血不會白費，家運轉佳，能得幸福歡笑。

愛情得95分　佳偶天成，好好把握，目前交往的對象，肯定會有甜美結局。

以下僅以　◎=最佳　○=佳　△=平　╳=差
投機運◎　工作運◎　未來運◎

第214籤　中中籤

財運得65分　財運不顯，困守多時，如今有如久旱逢甘霖，將有好消息。

事業得60分　事業經營遲遲未獲進展，如有達人指點穴門，方能轉危為安。

家庭得60分　長久面臨家庭失和問題，影響家運；放開心結，當可有所突破。

愛情得65分　心中猶豫不決，愛情遲遲未能進展，如能開悟，當有好消息。

以下僅以　◎=最佳　○=佳　△=平　╳=差
投機運△　工作運△　未來運○

◆學數字斷吉凶，這本最好用◆

200

第215籤　下下籤

財運得40分　氣運阻礙不通，奔波勞累卻事無成，應靜待時運轉通。

事業得45分　事業伙伴心志各異，經營不利，若能委婉應對，將有所轉變。

家庭得45分　長久缺乏家的感覺，但只要持續經營，將會有所改善。

愛情得50分　有名無實，感情難進展，只要真心誠意，情況將有所好轉。

以下僅以　◎=最佳　○=佳　△=平　Ｘ=差
投機運Ｘ　工作運Ｘ　未來運Ｘ

第216籤　下下籤

財運得40分　財運不順，當止則止，目前考慮之事，應終止。

事業得45分　發展不順利應即停止進行，另尋他法或許更佳。

家庭得45分　目前的決定可能錯誤，應重新檢討，挽回幸福。

愛情得40分　是一場空虛的愛情，難以得到真愛，有不如歸去的感覺。

以下僅以　◎=最佳　○=佳　△=平　Ｘ=差
投機運Ｘ　工作運Ｘ　未來運Ｘ

◆ 第五章　數字籤號吉凶論斷解釋區 ◆

第217籤　上吉籤

從您本身相關的數字或卜卦所得數字，在以下各方面得分

財運得70分　財勢氣運平平，要有大作為，必須與他人合作，方能成功。

事業得75分　事業心重容易超出能力範圍，若能與實力雄厚之人配合，皆大歡喜。

家庭得70分　切忌我行我素，驕傲專橫，否則不利，和協團結則幸福可得。

愛情得75分　請求他人協助，則事半功倍，能獲圓滿結果。

以下僅以　◎=最佳　○=佳　△=平　╳=差
投機運○　工作運○　未來運△

第218籤　中中籤

從您本身相關的數字或卜卦所得數字，在以下各方面得分

財運得60分　財運氣勢尚待開通，做事不盡如意，惟好運即將來臨，須堅持。

事業得69分　一時挫折不必灰心，塞翁失馬焉知非福，歷經千錘百練更加健全。

家庭得69分　白手起家辛勤耕耘，黑暗過後黎明即將到來，終能迎接美好時光。

愛情得65分　失敗的經驗，累積出百折不饒的精神，繼續努力終獲圓滿成功。

以下僅以　◎=最佳　○=佳　△=平　╳=差
投機運△　工作運○　未來運△

第219籤　上吉籤

從您本身相關的數字或卜卦所得數字，在以下各方面得分

財運得75分　財勢氣運漸趨明朗，剛柔並濟，運轉得宜，方得成功。

事業得79分　經歷苦心的籌劃和經營，理想與目標即將呈現，努力實行可望成功。

家庭得70分　紛雜的問題接踵而來，應明辨是非，妥善處理，能逢凶化吉。

愛情得79分　愛情運勢不弱，常有多位追求者，應審慎處理感情問題。

以下僅以　◎=最佳　○=佳　△=平　X=差
投機運○　工作運○　未來運○

第220籤　上吉籤

從您本身相關的數字或卜卦所得數字，在以下各方面得分

財運得79分　財運漸有起色，理財投資不宜太保守，時機有利。

事業得75分　顧慮太多反而失去機會，宜放手前行，專注經營。

家庭得75分　家庭美滿團結，雖有困難皆能協力排除。

愛情得75分　感情深厚，可以化解阻礙，排除誤會。

以下僅以　◎=最佳　○=佳　△=平　X=差
投機運○　工作運○　未來運◎

第221籤　下下籤

財運得40分　運勢困頓，前途艱難險阻，缺乏協助，暫時難以成功。

事業得40分　經營不順，小心提防因小失大，保守爲宜，等待時機。

家庭得40分　紛爭不斷，處處潛藏危機，孤立無援。

愛情得40分　成功機會不大，不要花費心思，另覓他緣吧。

以下僅以　◎=最佳　○=佳　△=平　Ⅹ=差
投機運Ⅹ　工作運Ⅹ　未來運Ⅹ

第222籤　中中籤

從您本身相關的數字或卜卦所得數字，在以下各方面得分

財運得65分　巔峰已過，難尋往日盛況，此時應採取退守之勢。

事業得69分　或許應把權力放下，給適合的人承接，可得逍遙自在。

家庭得60分　生活歸於平淡，家運有走下波的趨勢，宜未雨綢繆。

愛情得60分　熱烈的戀情漸漸冷卻，看開點，要求不要太高。

以下僅以　◎=最佳　○=佳　△=平　Ⅹ=差
投機運Ⅹ　工作運△　未來運△

第223籤　上吉籤

從您本身相關的數字或卜卦所得數字，在以下各方面得分

財運得75分　財運通達，有施展空間，善用專長必有所為。

事業得70分　立圖改革，解決困難阻礙，能穩定成長與發展。

家庭得75分　多花點心思在家庭事務上，則可融洽幸福。

愛情得70分　不屈不撓排除阻礙，終將獲得信賴。

以下僅以　◎=最佳　○=佳　△=平　X=差
投機運△　工作運○　未來運○

第224籤　下下籤

從您本身相關的數字或卜卦所得數字，在以下各方面得分

財運得50分　財運不振，路途多艱難，如能及時頓悟，尚有一線希望。

事業得45分　積弊已深，暮氣沈沈，要能大力改革，方有生機。

家庭得45分　艱難困苦多煩惱之時運，如能洗心革面，則幸福可求。

愛情得40分　情運不佳，缺乏熱情，應調整心態，或有所得。

以下僅以　◎=最佳　○=佳　△=平　X=差
投機運X　工作運X　未來運△

◆　第五章　數字籤號吉凶論斷解釋區　◆

第225籤　上吉籤

財運得85分　順利通達之時運，利祿亨通，但須堅守崗位，持之以恆。

事業得85分　事業基礎深厚，環境有利經營，可以逸代勞，成功獲利。

家庭得85分　平順豐盛之象，只要持續用心耕耘，幸福長久。

愛情得85分　感情能順利滋長，不要動搖信念時機成熟非您莫屬。

以下僅以　◎=最佳　○=佳　△=平　X=差
投機運◎　工作運◎　未來運◎

第226籤　上吉籤

財運得75分　財運開始轉旺，以嶄新的姿態出現，能獲成功。

事業得75分　細心規劃，記取教訓，伺機而動能有所進展。

家庭得75分　過去的傷害已彌平，家運日漸興隆，幸福安康之象。

愛情得75分　重新出發，勿重蹈失敗覆轍，則可得幸福良緣。

以下僅以　◎=最佳　○=佳　△=平　X=差
投機運○　工作運○　未來運◎

◆學數字斷吉凶，這本最好用◆

第227籤　下下籤

從您本身相關的數字或卜卦所得數字，在以下各方面得分

財運得55分　財運漸露曙光，揮別過去陰霾，可細心規劃再次出發。

事業得50分　從失敗中換取經驗，患難中見真情，未嘗不是一件好事。

家庭得50分　家庭關係起變化，應謹慎處理，團結家人共渡難關。

愛情得40分　愛情不順利，戀情可能結束，期待另一段開始吧！

以下僅以　◎=最佳　○=佳　△=平　X=差
投機運X　工作運△　未來運△

第228籤　下下籤

從您本身相關的數字或卜卦所得數字，在以下各方面得分

財運得40分　氣運悔暗不明，錯估情勢，徒勞無功。

事業得40分　欠缺通盤計劃，問題層出不窮，應考慮周詳再行出發。

家庭得45分　家運衰退，辛勞無助，忍辱負重共渡難關，可轉危為安。

愛情得45分　愛神尚未眷顧，努力未得回報，暫時忍耐吧！

以下僅以　◎=最佳　○=佳　△=平　X=差
投機運X　工作運X　未來運X

◆ 第五章　數字籤號吉凶論斷解釋區 ◆

第229籤　上吉籤

財運得85分　財運平順通達，目光放遠，志向寬廣，能獲滿意結果。

事業得85分　可得多向發展，順勢而爲，無阻礙，前途光明遠大。

家庭得80分　家庭較缺乏天倫之樂，但家運昌隆，各有所成，足堪欣慰。

愛情得80分　對象不少，心未決、意未定，應有明快抉擇，否則弄巧成拙。

以下僅以　◎=最佳　○=佳　△=平　X=差
投機運○　工作運◎　未來運◎

第230籤　下下籤

財運得40分　財運不振，遇事孤軍奮鬥，進展不容易。

事業得40分　理念無法溝通，阻礙事業推展；調整心態或有希望。

家庭得45分　自我中心太強，家庭失和，應理性化解。

愛情得40分　個性剛強，孤傲自處，難尋理想對象，宜加強與人互動。

以下僅以　◎=最佳　○=佳　△=平　X=差
投機運X　工作運X　未來運X

◆學數字斷吉凶，這本最好用◆

208

第231籤　次吉籤

從您本身相關的數字或卜卦所得數字，在以下各方面得分

財運得70分　困頓之象已解除，只要堅持意念，利祿可達。

事業得75分　情況漸趨好轉，有志者事竟成，獲利可觀。

家庭得70分　勤儉持家，已獲得美好成果，要珍惜固守，切莫驕奢。

愛情得75分　感情會有大進展，要珍惜把握，才能開花結果。

以下僅以　◎=最佳　○=佳　△=平　Ｘ=差

投機運○　工作運○　未來運○

第232籤　次吉籤

從您本身相關的數字或卜卦所得數字，在以下各方面得分

財運得75分　財勢平順，能獲益友相助，共同達成目標。

事業得75分　有伙伴相助，共同協力從事，成功的機率大增。

家庭得75分　夫妻同心協力，化解困難，家庭和諧幸福。

愛情得79分　相知相惜，交往順利，終能永結同心。

以下僅以　◎=最佳　○=佳　△=平　Ｘ=差

投機運○　工作運○　未來運◎

第233籤　上吉籤

財運得95分　財運繁榮長久，一切平安順心，能獲名利之象。

事業得95分　身逢其時，適得其所，謹守崗位能創事業高峰。

家庭得90分　一路平順，逢凶化吉，家運隆盛持久，幸福美滿。

愛情得95分　交往順利，人人稱羨，濃情蜜意共譜美好戀曲。

以下僅以　◎=最佳　○=佳　△=平　✗=差

投機運◎　工作運◎　未來運◎

第234籤　上吉籤

財運得90分　財勢氣運旺盛，易獲貴人提攜，一帆風順，大吉大利。

事業得95分　業務順利進展，時機成熟，得天獨厚，名利雙收之時運。

家庭得90分　貴氣盈門，家庭幸福美滿，切勿驕矜怠惰，以保鴻運。

愛情得95分　愛情甜蜜浪漫，互相賞識，一路平順，成就良緣。

以下僅以　◎=最佳　○=佳　△=平　✗=差

投機運◎　工作運◎　未來運◎

◆ 學數字斷吉凶，這本最好用 ◆

第235籤　下下籤

從您本身相關的數字或卜卦所得數字，在以下各方面得分

財運得40分　財運阻滯不順，好事難成，宜須防突來變故。

事業得40分　收拾殘局，另謀他途；不要好高騖遠，重新開始。

家庭得45分　可能面臨強大挫折，須謹慎行事防範未然。

愛情得40分　愛情可能生變，應提防小人，惡意中傷。

以下僅以　◎＝最佳　○＝佳　△＝平　Ｘ＝差
投機運Ｘ　工作運Ｘ　未來運Ｘ

第236籤　上吉籤

從您本身相關的數字或卜卦所得數字，在以下各方面得分

財運得75分　財利亨通，善用資財，可創造佳績，大展鴻圖。

事業得75分　經營順利，業績提昇；要開創更大格局，須有外力相助。

家庭得75分　家庭生活、精神、物質雙向並重則幸福美滿。

愛情得75分　感情甜蜜，交往順利；若能贈送貼心小禮物，則感情快速提昇。

以下僅以　◎＝最佳　○＝佳　△＝平　Ｘ＝差
投機運○　工作運○　未來運◎

第237籤　下下籤

財運得45分　財運不濟，目標難以達成，保守為宜。

事業得45分　理想太高不切實際，宜衡量能力，避免陷入過深。

家庭得50分　對子女期盼過高，管教嚴苛，宜採平常心，改善關係。

愛情得50分　理想過高，要求完美，將使感情生變。

以下僅以　◎=最佳　○=佳　△=平　X=差
投機運X　工作運X　未來運X

第238籤　中中籤

財運得60分　財運中平，多向他人學習待人處事態度，勿堅持己見。

事業得65分　心平氣和，謙虛待人，多向他人請教，則可獲利。

家庭得60分　各持己見，僵持不下，若能化解偏執，家庭仍舊和樂融融。

愛情得65分　去除心障，個性稍微改變一下，結局總會是圓滿的。

以下僅以　◎=最佳　○=佳　△=平　X=差
投機運△　工作運△　未來運△

◆ 學數字斷吉凶，這本最好用 ◆

212

第239籤　上吉籤

從您本身相關的數字或卜卦所得數字，在以下各方面得分

財運得85分　財勢氣運光明豐盛，平常心以對會有好收穫。

事業得80分　業績可達目標，不用過於憂慮，且還有令人振奮的意外之喜。

家庭得80分　雖與理想有些差距，但畢竟是會成功的，不必煩惱。

愛情得85分　感情順利進展，放鬆心情，一切順遂，春風得意。

以下僅以　◎=最佳　○=佳　△=平　ㄨ=差
投機運◎　工作運○　未來運◎

第240籤　下下籤

從您本身相關的數字或卜卦所得數字，在以下各方面得分

財運得40分　盛衰起伏很大，容易得而復失，應小心謹慎。

事業得45分　事業發展迅速，須穩重經營，否則到頭來一場空。

家庭得45分　有意料之外的突發狀況，勿意氣用事，自有解決之道。

愛情得40分　感情甜蜜，卻進展緩慢，好事多磨，要有耐心。

以下僅以　◎=最佳　○=佳　△=平　ㄨ=差
投機運ㄨ　工作運ㄨ　未來運ㄨ

◆第五章　數字籤號吉凶論斷解釋區◆

第241籤　下下籤

從您本身相關的數字或卜卦所得數字，在以下各方面得分

財運得40分　運勢低平，行事切忌張揚，以柔處之，猶有小得。

事業得45分　挫折難免，惟須耐心處之，切忌自亂陣腳。

家庭得45分　凡事低調處理，平實渡日，則家安宅吉，風平浪靜。

愛情得40分　愈少人知道愈好，耐性培養感情，急躁反而不吉。

以下僅以　◎=最佳　○=佳　△=平　Ｘ=差
投機運Ｘ　工作運Ｘ　未來運Ｘ

第242籤　下下籤

從您本身相關的數字或卜卦所得數字，在以下各方面得分

財運得30分　運勢不通，陸續遭受困境打擊；投資恐成泡影。

事業得35分　事業經營漸漸衰微，雖力圖振作，還是搖搖欲墜。

家庭得35分　遭受重重困難，險象還生。家運傾衰不濟之象，應忍耐自重。

愛情得35分　所遇非人，當心受到傷害，切忌意亂情迷，誤入歧途。

以下僅以　◎=最佳　○=佳　△=平　Ｘ=差
投機運Ｘ　工作運Ｘ　未來運Ｘ

第243籤　上吉籤

從您本身相關的數字或卜卦所得數字，在以下各方面得分

財運得85分　財勢氣運漸轉通達，能遇志同道合之人，共同創造佳績。

事業得85分　事業得人協助，日漸昌盛，持盈保泰，喜事成雙。

家庭得85分　家運隆昌，喜事連連，須持善心做好事，以保家運不衰。

愛情得80分　愛情運不錯但還須經人介紹安排，方能得知音相伴。

以下僅以　◎=最佳　○=佳　△=平　Ｘ=差
投機運◎　工作運◎　未來運◎

第244籤　上吉籤

從您本身相關的數字或卜卦所得數字，在以下各方面得分

財運得75分　財運漸盛，順應時勢，天助人助，能獲得成功。

事業得70分　辛勤播種，終將歡樂收割；注意人事佈局，將有好成果。

家庭得70分　家運昌隆，但為人處事須謙遜，否則不利旺運延續。

愛情得75分　感情將大有進展，但不可自滿，得意忘形，反而破運。

以下僅以　◎=最佳　○=佳　△=平　Ｘ=差
投機運○　工作運○　未來運◎

第245籤　中中籤

從您本身相關的數字或卜卦所得數字，在以下各方面得分

財運得60分　運勢不穩陰晴難定，唯有確立目標，眼光放遠，方能顯露成功之機。

事業得60分　當下將遭遇許多料想不到的狀況，應逐項進行改革，成果漸漸顯現。

家庭得60分　家庭有些問題讓你憂心忡忡，若能按著既定方針行進，將化解危機。

愛情得65分　不要惦念之前不如意的愛情，另尋他緣，會獲得更好的對象。

以下僅以　◎=最佳　○=佳　△=平　X=差
投機運△　工作運△　未來運△

第246籤　上吉籤

從您本身相關的數字或卜卦所得數字，在以下各方面得分

財運得75分　財運通順可達，如獲貴人相助，事情則能圓滿。

事業得70分　事業經營順利，只是尚有些細節須完成，終可成功。

家庭得70分　心中掛念的事情可順利完成，只是尚未圓滿，可安心以待。

愛情得75分　請放心，事情已有眉目，花好月圓指日可期。

以下僅以　◎=最佳　○=佳　△=平　X=差
投機運○　工作運○　未來運◎

◆ 學數字斷吉凶，這本最好用 ◆

第247籤　上吉籤

從您本身相關的數字或卜卦所得數字，在以下各方面得分

財運得90分　財勢氣運亨通，如有神助，能化腐朽爲神奇，不可低估。

事業得90分　從谷底躍起，再展過去光輝，能有良好佳績。

家庭得85分　不必自悲自憐過去的遭遇，因爲這將是幫助家運昌隆的重要經驗。

愛情得90分　愛情運旺盛，勇敢追求，成功如意，歡笑連連。

以下僅以　◎=最佳　○=佳　△=平　X=差
投機運◎　工作運◎　未來運◎

第248籤　上吉籤

從您本身相關的數字或卜卦所得數字，在以下各方面得分

財運得85分　財源順利，有大展身手之機會，全心投入大事可成。

事業得85分　事業經營貴在誠信，依循原則，會得到幫助而成功。

家庭得80分　脫離險困之境，能獲得家人協助逐漸走向幸福之道。

愛情得80分　有驚無險，化解誤會後，更能加深感情，成就良緣。

以下僅以　◎=最佳　○=佳　△=平　X=差
投機運○　工作運◎　未來運◎

第249籤　上吉籤

財運得75分　氣運漸通，佔天時地利之便，能迎接大好時運。

事業得75分　有如奇蹟展現，逐步順利發展，加強人際關係，有助大運開展。

家庭得70分　一切紛爭將掃除障礙容易化解，後運良好。

愛情得75分　愛情逐漸加溫，時機良好，交往順利。

以下僅以　◎=最佳　○=佳　△=平　X=差
投機運○　工作運○　未來運○

第250籤　下下籤

財運得50分　運勢上不穩定，前途潛藏危機，幸有貴人相助，化險為夷。

事業得45分　改變經營策略前，一定要三思而後行，且慎防被人牽連。

家庭得45分　對家庭事務，勿做太大改變，且應多聽女性意見。

愛情得40分　勿被美麗外表所迷惑，做出錯誤之選擇。

以下僅以　◎=最佳　○=佳　△=平　X=差
投機運X　工作運X　未來運△

◆學數字斷吉凶，這本最好用◆

第251籤　上吉籤

從您本身相關的數字或卜卦所得數字，在以下各方面得分

財運得90分　運勢亨通，勝券在握，投資求財一帆風順。

事業得85分　訂定的計劃能順利進行，並獲得完美結果，可更上層樓。

家庭得85分　家運昌盛，無憂無慮，只要多行善事，興隆長久。

愛情得85分　既然互相欣賞，不必遲疑，尋找助力，可達成目標。

以下僅以　◎=最佳　○=佳　△=平　X=差

投機運◎　工作運◎　未來運◎

第252籤　下下籤

從您本身相關的數字或卜卦所得數字，在以下各方面得分

財運得40分　目前時機不利，應沈潛待機，充實自我，終能有成。

事業得45分　宜耐心沈穩以對，暫時困境，終將有所突破。

家庭得45分　可能引起家庭風暴，應謹慎處理，以柔克剛化解紛爭。

愛情得40分　不要急躁妄動，否則弄巧成拙，慢工出細活，可望成功。

以下僅以　◎=最佳　○=佳　△=平　X=差

投機運X　工作運X　未來運X

第253籤　上吉籤

從您本身相關的數字或卜卦所得數字，在以下各方面得分

財運得75分　氣運尚稱通達，忍辱負重，奮發前進，終可成就。

事業得70分　全力拓展業務，但小心被破壞，沈穩進取，終能名利雙收。

家庭得75分　堅持正道，沈穩應對，終能化解誤會，走向隆盛幸福。

愛情得70分　能通過時間及挫折考驗，可獲幸福良緣，美滿成功。

以下僅以　◎=最佳　○=佳　△=平　Ⅹ=差
投機運○　工作運△　未來運○

第254籤　上吉籤

從您本身相關的數字或卜卦所得數字，在以下各方面得分

財運得70分　氣運漸長，臨危不亂，有足夠能力化解凶險，功名有成。

事業得75分　逐步進展，且能得貴人提攜，前途不必憂慮。

家庭得75分　縱然有阻礙困難，都能逐一排除，家運漸趨昌盛。

愛情得70分　雖經歷短暫波瀾，卻也更加滋潤愛情，能如意順利。

以下僅以　◎=最佳　○=佳　△=平　Ⅹ=差
投機運○　工作運○　未來運○

第255籤　下下籤

從您本身相關的數字或卜卦所得數字，在以下各方面得分

財運得40分　財勢氣運阻滯不順，有心突破但時不我予，徒勞無功。

事業得45分　孤軍奮鬥力求進展，但仍難敵環境壓力；改變經營方式較有可圖。

家庭得45分　困境中獨力支撐，勞心勞力，心願難圓，只有等待。

愛情得40分　雖有心儀對象，無奈落花有意，流水無情，只有空等待一場。

以下僅以　◎=最佳　○=佳　△=平　Ｘ=差
投機運Ｘ　工作運Ｘ　未來運Ｘ

第256籤　上吉籤

從您本身相關的數字或卜卦所得數字，在以下各方面得分

財運得85分　氣運開始轉旺，投資將可獲利，好機會陸續出現。

事業得80分　危機解除，業績節節高升，但勿忘了舊客戶。

家庭得80分　家運漸興隆，喜事連連，但切勿得意忘形，以免誤事。

愛情得85分　愛情運轉旺，追求者絡繹不絕，但煩惱增多。

以下僅以　◎=最佳　○=佳　△=平　Ｘ=差
投機運○　工作運○　未來運◎

第257籤　上吉籤

財運得75分　財勢平穩，聚沙成塔，積少成多能持續成長。

事業得70分　不可投機，秉持誠信與真誠，一步一腳印，踏實前進。

家庭得75分　今日的成就是靠長期辛苦的累積，莫忘勤儉，家運昌隆。

愛情得75分　感情基石穩固，繼續保持，能見美好成果。

以下僅以　◎=最佳　○=佳　△=平　╳=差
投機運○　工作運○　未來運◎

第258籤　上吉籤

從您本身相關的數字或卜卦所得數字，在以下各方面得分

財運得90分　財運通達，投資方向正確，前景無憂，順利成功。

事業得85分　按預定的計劃進行，不必操之過急，則成果可期。

家庭得85分　家庭團結和諧，只須用心經營，家運隆昌。

愛情得90分　心心相印，感情甜蜜，愛情成功無阻礙。

以下僅以　◎=最佳　○=佳　△=平　╳=差
投機運◎　工作運◎　未來運◎

◆學數字斷吉凶，這本最好用◆

222

第259籤　下下籤

從您本身相關的數字或卜卦所得數字，在以下各方面得分

財運得40分　財運阻滯，行運紛雜是非多，難以達成願望。

事業得45分　當心身邊小人暗中破壞，使得事業經營漸走下坡，虧損連連。

家庭得45分　家庭內氣氛不和諧，宜用心經營同心協力，方能再拓家運。

愛情得40分　愛情未能順利進展，處處遭受阻礙與誤解，處理不當可能告吹。

以下僅以　◎=最佳　○=佳　△=平　X=差
投機運X　工作運X　未來運X

第260籤　上吉籤

從您本身相關的數字或卜卦所得數字，在以下各方面得分

財運得90分　氣運旺盛，能獲意外之財，時機有利，可進行投資。

事業得90分　經營順利，超越預訂目標，但仍須按規劃進行為佳。

家庭得90分　喜事頻傳，逍遙自在，持盈保泰家運昌隆。

愛情得85分　愛情運不錯，人緣佳，無意間會出現眾多追求者。

以下僅以　◎=最佳　○=佳　△=平　X=差
投機運◎　工作運◎　未來運◎

第261籤　下下籤

從您本身相關的數字或卜卦所得數字，在以下各方面得分

財運得40分　財運不佳，氣勢薄弱，進行投資宜謹慎三思，損失機率大。

事業得45分　問題排山倒海而來，難以應付，應有心理準備，少輸為贏。

家庭得40分　家內爭吵不休風波難以平息，心中充滿苦悶與無耐，應冷靜思考。

愛情得45分　為情所苦為愛傷心，如已盡力仍無法挽回，那麼另尋他緣吧！

以下僅以　◎=最佳　○=佳　△=平　Ｘ=差
投機運Ｘ　工作運Ｘ　未來運Ｘ

第262籤　上吉籤

從您本身相關的數字或卜卦所得數字，在以下各方面得分

財運得80分　氣運漸趨明朗，勵志向前，自助人助，名利可成。

事業得75分　志向遠大，努力不懈，若得貴人協助，成就非凡。

家庭得75分　想光耀門楣，但外來壓力不少，若得長輩助力，昌隆幸福。

愛情得70分　真心誠意投入，期盼美好未來，但還須時間考驗。

以下僅以　◎=最佳　○=佳　△=平　Ｘ=差
投機運○　工作運○　未來運○

第263籤　上吉籤

財運得80分　困頓之象已解除，只要堅持意念，利祿可達。

事業得75分　情況漸趨好轉，有志者事竟成，獲利可觀。

家庭得75分　勤儉持家，已獲得美好成果，要珍惜固守，切莫驕奢。

愛情得75分　感情會有大進展，要珍惜把握，才能開花結果。

以下僅以　◎＝最佳　○＝佳　△＝平　X＝差
投機運○　工作運○　未來運○

第264籤　下下籤

財運得40分　行事不如意，財運不順，前景困難重重，徒勞無功之象。

事業得45分　事業基礎不健全，導致狀況頻頻，若能尋得投資合作或可改善。

家庭得40分　夫妻感情不睦，家運難以振興，應確實檢討改進，否則團圓無望。

愛情得45分　是一段不被看好的愛情，最終可能告吹，改善缺失也許尚有機會。

以下僅以　◎＝最佳　○＝佳　△＝平　X＝差
投機運X　工作運X　未來運X

第265籤　上吉籤

財運得90分　氣運旺盛，又能獲他人相助，圓滿成功，吉祥如意。

事業得90分　正逢有利時機，只要善用長處，則能鴻圖大展。

家庭得85分　化解阻礙，家庭和睦，家運日漸昌隆。

愛情得90分　花好月圓人團圓，能得到眾人的祝福。

以下僅以　◎=最佳　○=佳　△=平　X=差
投機運◎　工作運◎　未來運◎

第266籤　下下籤

財運得40分　財勢氣運不振，事情難以周全，時機不利，若未能謹慎恐有損失。

事業得40分　事業發展超出能力所及，力不從心，易導致財務損失。

家庭得50分　家中事物看似一切美好，但已潛藏危機，應面對現實，革新家務。

愛情得40分　甜蜜的愛情已來臨，但是總存在著瑕疵，求圓滿仍須努力。

以下僅以　◎=最佳　○=佳　△=平　X=差
投機運X　工作運X　未來運△

◆學數字斷吉凶，這本最好用◆

第267籤　上吉籤

從您本身相關的數字或卜卦所得數字，在以下各方面得分

財運得85分　運勢漸上高峰，應下定決心，全力以赴，可得圓滿成功。

事業得85分　處於有利時機，只要循序漸進，前景光明可期。

家庭得90分　家運昌隆旺盛，感情融洽，幸福美滿。

愛情得85分　發展順利，感情甜蜜，但不要操之過急，則能有完美結局。

以下僅以　◎=最佳　○=佳　△=平　X=差
投機運○　工作運◎　未來運◎

第268籤　中中籤

從您本身相關的數字或卜卦所得數字，在以下各方面得分

財運得65分　財運不順，尚須重新整頓改善作爲，才能有成功機會。

事業得60分　事業基礎未見穩固，切忌心高氣傲，應循序漸進，再創新機。

家庭得60分　經濟條件尚未穩定，夫妻感情不睦，面對現實重新規劃或有所成。

愛情得65分　雙方雖有好感有意向前推展，但未得其法；態度和順一點或能改善。

以下僅以　◎=最佳　○=佳　△=平　X=差
投機運X　工作運△　未來運△

第269籤　下下籤

財運得40分　財運貧弱不順，心願難遂，孤立無援，求助無門，前景堪慮。

事業得45分　外在環境困難重重，一切理想計劃終成泡影，忍耐靜待時機吧！

家庭得45分　難以滿足心中所願，終日愁悶，團結合諧，才能共渡時艱。

愛情得40分　愛情不順遂心中憂愁難以排解，美夢難圓，空自嗟嘆。

以下僅以　◎=最佳　○=佳　△=平　X=差
投機運X　工作運X　未來運X

第270籤　上吉籤

從您本身相關的數字或卜卦所得數字，在以下各方面得分

財運得85分　財運日旺，欣欣向榮之象，行事外圓內方，成功順利。

事業得80分　縱橫商場，得到名利與地位，切忌得意忘形，否則破運。

家庭得85分　環境良好，家庭和樂甜蜜，能得幸福繁榮家運。

愛情得85分　交往順利，只要加強信心，能有美滿結局。

以下僅以　◎=最佳　○=佳　△=平　X=差
投機運◎　工作運◎　未來運◎

第271籤　下下籤

從您本身相關的數字或卜卦所得數字，在以下各方面得分

財運得45分　財運氣勢貧弱，陷入泥淖難以自拔，進退兩難之時局。

事業得40分　事業投資過多，周轉不順，進退維谷，須放棄部份投資方能保全。

家庭得40分　情緒低落夫妻感情容易生變，理性溝通，或有重圓之機。

愛情得45分　陷入感情泥淖，糾纏難解，心中承受痛苦煎熬，難以自拔。

以下僅以　◎=最佳　○=佳　△=平　X=差
投機運X　工作運△　未來運X

第272籤　下下籤

從您本身相關的數字或卜卦所得數字，在以下各方面得分

財運得40分　財運不佳，到頭來總是一場空，如置身夢境，應耐心等待時機。

事業得45分　無遠慮必有近憂，容易因小失大勿貪近利，否則得不償失進退兩難。

家庭得45分　易對家庭不忠心，最後勢必左右為難，產生婚姻危機，行事宜三思。

愛情得40分　容易陷入沒有結果的愛情之中，如夢似幻，該清醒實際一點吧！

以下僅以　◎=最佳　○=佳　△=平　X=差
投機運X　工作運X　未來運X

第273籤　下下籤

財運得40分　財勢氣運困頓，處於動盪不安之際，不順心意。

事業得45分　屢遭失敗，經營陷入困境，此時應通權達變，廣納善言，力圖振作。

家庭得49分　家運衰退波折四起，必須夫妻同心互相扶助，共渡難關。

愛情得40分　緣盡情未了，但無法挽回失去的愛情，不必強求。

以下僅以　◎=最佳　○=佳　△=平　Ｘ=差
投機運Ｘ　工作運Ｘ　未來運Ｘ

第274籤　中中籤

從您本身相關的數字或卜卦所得數字，在以下各方面得分

財運得69分　財勢氣運尚屬平順，行事應深思熟慮，萬全準備，方可成功。

事業得60分　為大局著想，應斷然根除弊端，計劃周詳，以退為進則可望成功。

家庭得69分　處理家中事物要思慮周詳，凡事以家庭為重，則能創造幸福家運。

愛情得69分　應對得體，和順謙遜，以退為進，反而容易得到甜美成果。

以下僅以　◎=最佳　○=佳　△=平　Ｘ=差
投機運△　工作運△　未來運△

第275籤　下下籤

從您本身相關的數字或卜卦所得數字，在以下各方面得分

財運得40分　財運不佳常受人牽累，目前願望難圓，須待貴人相助。

事業得55分　易遭受惡意中傷，宜提防！若往他鄉發展，當可獲貴人提攜。

家庭得55分　常受別離相思之苦，須有一番用心，努力妥善規劃方可享天倫之樂。

愛情得50分　經常分隔兩地，易受第三者破壞，若能堅信真情，則感情長久。

以下僅以　◎＝最佳　○＝佳　△＝平　Ｘ＝差
投機運Ｘ　工作運△　未來運△

第276籤　中中籤

從您本身相關的數字或卜卦所得數字，在以下各方面得分

財運得60分　財運已有，但時機尚未成熟，處於先苦後甘不盡如意之氣運。

事業得65分　遭遇料想不到的困難，參考他人意見、合作共事，則能化險為夷。

家庭得60分　波折不斷，處理困難，唯有廣納善言、集思廣益，才能扭轉乾坤。

愛情得65分　先憂後樂，遭遇許多波折，皆能展現愛情力量，共創甜蜜樂園。

以下僅以　◎＝最佳　○＝佳　△＝平　Ｘ＝差
投機運△　工作運△　未來運△

第277籤　下下籤

財運得55分　財勢氣運未明朗，前途難料，應理性沈穩以對，方有生機。

事業得50分　事業經營不順障礙重重，應借重他人長才，處事明確方能有所成就。

家庭得50分　身陷多事之秋疲於奔命，家庭難得圓融，聚少離多。

愛情得55分　感情頻遇阻礙，能否有順利之結局，未定之前真心誠意將是關鍵。

以下僅以　◎=最佳　○=佳　△=平　Ⅹ=差
投機運Ⅹ　工作運Ⅹ　未來運△

第278籤　上吉籤

財運得95分　氣勢旺盛，不如意之事能迎刃而解，可以投資獲利。

事業得90分　低迷景氣已過，很快能得到有力商機，但須保持實力。

家庭得90分　家運漸趨興隆，諸事平順，多做善事，有助家運。

愛情得90分　感情朝正面發展，交往時宜多體諒對方，不要太過強勢。

以下僅以　◎=最佳　○=佳　△=平　Ⅹ=差
投機運◎　工作運○　未來運◎

第279籤　下下籤

從您本身相關的數字或卜卦所得數字，在以下各方面得分

財運得40分　財勢氣運極為不利，投入的心力終將化為泡影，須謹言慎行為是。

事業得45分　費盡心力於事無補，事業經營困難重重，不如暫時緊縮業務靜待良機。

家庭得40分　家運薄弱，雖努力追求家庭幸福卻也力不從心，阻礙重重。

愛情得45分　知音難覓愛情難如願，不必刻意追尋，一切順其自然，否則失戀多。

以下僅以　◎＝最佳　○＝佳　△＝平　Ｘ＝差
投機運Ｘ　工作運Ｘ　未來運Ｘ

第280籤　上吉籤

從您本身相關的數字或卜卦所得數字，在以下各方面得分

財運得90分　財運亨通，左右逢源，平安吉祥之象。

事業得90分　基礎穩固，發展順利，各盡心力大展鴻圖。

家庭得90分　夫妻感情和睦，內部祥和安樂，家運興隆安康。

愛情得90分　充滿甜蜜的氣氛，能得到家人和朋友的祝福。

以下僅以　◎＝最佳　○＝佳　△＝平　Ｘ＝差
投機運◎　工作運◎　未來運◎

第281籤　下下籤

從您本身相關的數字或卜卦所得數字，在以下各方面得分

財運得45分　運勢極不順遂，萬事不如意，窮苦潦倒是非多，應暫時退守。

事業得45分　處境艱困陷入苦戰，宜固守本業，不要強出頭，以避危機。

家庭得45分　相互之間感情不如外人親密，家運衰退、經濟窮困，應改善彼此關係。

愛情得40分　難以達成心願，戀情大都失敗收場，先退場休息吧！

以下僅以　◎=最佳　○=佳　△=平　X=差
投機運X　工作運X　未來運X

第282籤　上吉籤

從您本身相關的數字或卜卦所得數字，在以下各方面得分

財運得85分　財勢氣運轉強，形勢有利，積極前進，成功在望。

事業得80分　業績會因為平時的努力和舊客戶的牽引，而有顯著進展。

家庭得80分　家庭成員互相節制和配合，一切阻礙困難，可迎刃而解。

愛情得80分　主動積極，懇切周到，將能增進感情成長，順利成功。

以下僅以　◎=最佳　○=佳　△=平　X=差
投機運○　工作運○　未來運○

第283籤　中中籤

從您本身相關的數字或卜卦所得數字，在以下各方面得分

財運得60分　財勢氣運不明朗，前景充滿不確定因素，須有堅定信心方有所成。

事業得65分　經驗和信心不足，造成事業發展出現許多障礙，謹慎沈著方得圓滿。

家庭得65分　事情紛雜，處理不當，容易產生信心危機，膽大心細，謹慎能圓滿。

愛情得65分　感情之路不太平順，但不必自縛手腳，再接再厲，終能成功。

以下僅以　◎=最佳　○=佳　△=平　X=差
投機運△　工作運△　未來運△

第284籤　下下籤

從您本身相關的數字或卜卦所得數字，在以下各方面得分

財運得45分　財運不順處處碰壁難行，宜放緩腳步，另謀他圖。

事業得40分　狀況頻頻心慌意亂，若能站穩腳步勇於面對，將可漸入佳境。

家庭得40分　家庭缺少互相的關懷，宜增進彼此良性的互動，家庭自然和樂。

愛情得40分　交往不順毫無進展，但不用過於強求，靜待夢中情人出現吧！

以下僅以　◎=最佳　○=佳　△=平　X=差
投機運△　工作運△　未來運△

235

第285籤　下下籤

從您本身相關的數字或卜卦所得數字，在以下各方面得分

財運得40分　財運衰弱處於不利地位，難以施展，宜安分守己，處靜待變。

事業得50分　事業經營遭遇逆境，求助無門，只有固守本位，力求穩定以待時機。

家庭得45分　目前在家中的地位卑微，只有堅忍奮發有所作為方得一雪前恥。

愛情得45分　尚無法得到愛神的眷顧，如能加強內在涵養，成功亦不難。

以下僅以　◎=最佳　○=佳　△=平　Ｘ=差
投機運Ｘ　工作運Ｘ　未來運Ｘ

第286籤　下下籤

從您本身相關的數字或卜卦所得數字，在以下各方面得分

財運得40分　此時運勢閉塞氣運不通，目前不宜進展，避免招災惹禍。

事業得45分　經營事業切忌無計劃擴充，應審慎行事，保守中求發展。

家庭得45分　家運略顯衰退，應確守正道，忍耐包容，不宜妄圖攀援前進。

愛情得35分　倆人是否合適應理性思考，免得浪費青春，不合應另尋他緣吧！

以下僅以　◎=最佳　○=佳　△=平　Ｘ=差
投機運Ｘ　工作運△　未來運Ｘ

第287籤　下下籤

從您本身相關的數字或卜卦所得數字，在以下各方面得分

財運得50分　財運氣勢有礙，應維持現狀，以靜制動，堅忍努力，方有可爲。

事業得45分　局勢驚險，事業步入衰退階段，如能堅定信念，能使局面改觀。

家庭得50分　家庭面臨困境，須能同舟共濟，勇於面對，方有挽回之空間。

愛情得40分　對手強力介入，感情亮紅燈，須展現誠摯心意，方有挽回機會。

以下僅以 ◎=最佳　○=佳　△=平　X=差
投機運X　工作運X　未來運△

第288籤　下下籤

從您本身相關的數字或卜卦所得數字，在以下各方面得分

財運得50分　氣運有逐漸衰退現象，應防微杜漸萬事謹慎。

事業得55分　事業進展常遇瓶頸，進退維谷，此時更須小心取捨。

家庭得40分　家運開始走下坡，家庭問題逐漸浮現，應多加關注用心。

愛情得40分　關係曖昧不清，易陷入多角戀愛之中，產生困擾。

以下僅以 ◎=最佳　○=佳　△=平　X=差
投機運X　工作運X　未來運X

第289籤　中中籤

從您本身相關的數字或卜卦所得數字，在以下各方面得分

財運得60分　財運起伏不定，應當小心防範，又須能順勢而爲，方有所成。

事業得65分　經營事業須看清時勢，能屈能伸、能守能攻，方爲上策。

家庭得69分　不如意時切莫灰心，振作精神即能再創生機，重建昔日光輝。

愛情得65分　機會來臨應把握，切勿忽冷忽熱令人捉摸難定，失去良緣。

以下僅以　◎=最佳　○=佳　△=平　Ｘ=差
投機運△　工作運○　未來運△

第290籤　上吉籤

從您本身相關的數字或卜卦所得數字，在以下各方面得分

財運得75分　財運逐漸順暢，只要依循原來計劃進行，成功指日可待。

事業得70分　困境使您險失信心，還好有堅定意志，成就未來榮景。

家庭得75分　媳婦熬成婆，過去刻苦耕耘，不久將得歡笑豐收。

愛情得75分　繼續努力，按步就班，終可扭轉劣勢，獲得祝福。

以下僅以　◎=最佳　○=佳　△=平　Ｘ=差
投機運○　工作運○　未來運◎

第291籤　上吉籤

財運得85分　正當有利時機，若能及時行動，將有大好前景。

事業得90分　商機處處，佳音頻傳，若能把握有利情勢，成功在望。

家庭得85分　可得吉慶之運勢。宜互相珍惜、關懷，共創美好未來。

愛情得85分　雲開見月，可化解誤會，環境有利，請及時行動。

以下僅以　◎=最佳　○=佳　△=平　X=差
投機運◎　工作運◎　未來運◎

第292籤　下下籤

財運得40分　險阻重重，奔波勞累，氣運不穩投資失利之象。

事業得45分　缺乏耐心毅力，容易半途而廢，應砥礪自我，堅忍圖成。

家庭得40分　家庭觀念薄弱，聚少離多，容易造成家庭問題。

愛情得40分　心靈漂泊不定，愛情不穩定，是劈腿一族。

以下僅以　◎=最佳　○=佳　△=平　X=差
投機運X　工作運X　未來運X

◆ 第五章　數字籤號吉凶論斷解釋區 ◆

第293籤　下下籤

從您本身相關的數字或卜卦所得數字，在以下各方面得分

財運得50分　會捨棄原有目的而移心其它事物，失之東隅收之桑榆，須靜候時機。

事業得55分　事業有所成就時發覺青春不再，人才代代有人出，該是交棒之時。

家庭得50分　剛開始較為辛苦，如有耐心誠意，共同努力奮鬥，則家運昌盛。

愛情得55分　身高不是距離年齡不是問題，只在乎是否眞心，放手去談戀愛吧！

以下僅以　◎=最佳　○=佳　△=平　X=差
投機運X　工作運△　未來運△

第294籤　下下籤

從您本身相關的數字或卜卦所得數字，在以下各方面得分

財運得35分　美景不在越來越艱辛，好事多磨，良辰亦遠離，運勢不佳保守為宜。

事業得40分　起先進行順利，但中途突然遭受困難與阻礙，導致前功盡棄。

家庭得40分　表面和樂，風暴已悄悄接近，要以誠待人、以柔克剛，則可渡過難關。

愛情得35分　一旦有傾心的對象，即使掠奪也要去實行，此卦易出現第三者。

以下僅以　◎=最佳　○=佳　△=平　X=差
投機運X　工作運X　未來運X

第295籤　上吉籤

從您本身相關的數字或卜卦所得數字，在以下各方面得分

財運得80分　氣運逐漸開展，貴人將現，把握時機，光明可期。

事業得85分　機會已到來，不用擔心，事業會有轉機，不久即有好消息。

家庭得70分　家事雖然煩雜，但只須事迷心不迷，自有歡慶在其中。

愛情得75分　愛又怕受傷害，似親又疏，應勇敢追求，才會有好結局。

以下僅以　◎=最佳　○=佳　△=平　Ｘ=差
投機運○　工作運○　未來運○

第296籤　上吉籤

從您本身相關的數字或卜卦所得數字，在以下各方面得分

財運得90分　運勢亨通，所託得人，可達成目標，可喜可賀。

事業得85分　獲得有力助手，經營策略正確，生意興隆。

家庭得89分　家庭感情融洽，幸福美滿，吉慶有餘。

愛情得90分　尋得理想對象，感情甜蜜，是人人稱羨的一對。

以下僅以　◎=最佳　○=佳　△=平　Ｘ=差
投機運◎　工作運◎　未來運◎

第297籤　中中籤

財運得65分　財運起伏未定，追求的事物可以獲得，但須提防得而復失。

事業得65分　業務發展順利，獲利可期，但應做好保密工作，以免空歡喜一場。

家庭得69分　家庭和樂，氣氛應細心呵護，切勿逞口舌之快而傷彼此感情。

愛情得65分　愛情熱度逐漸提昇，卻也易因隱私漸少而降溫。

以下僅以　◎=最佳　○=佳　△=平　X=差
投機運△　工作運△　未來運○

第298籤　中中籤

財運得65分　財勢氣運不穩定，常遭挫折力不從心，換個方向發展或有好結局。

事業得60分　事業經營尚未上軌道，業績難以發展，應正確分析市場力求突破。

家庭得55分　家庭狀況逐漸走下坡，必須改善行事方針，開源節流，方能重興家運。

愛情得60分　不適合的感情發展，只有增加痛苦，另尋他緣或許能幸福。

以下僅以　◎=最佳　○=佳　△=平　X=差
投機運△　工作運△　未來運△

第299籤　上吉籤

從您本身相關的數字或卜卦所得數字，在以下各方面得分

財運得80分　財運開始轉旺，以嶄新的姿態出現，能獲成功。

事業得75分　細心規劃，記取教訓，伺機而動能有所進展。

家庭得80分　過去的傷害已彌平，家運日漸興隆，幸福安康之象。

愛情得75分　重新出發，勿重蹈失敗覆轍，則可得幸福良緣。

以下僅以　◎=最佳　○=佳　△=平　X=差
投機運○　工作運○　未來運◎

第300籤　下下籤

從您本身相關的數字或卜卦所得數字，在以下各方面得分

財運得40分　財勢氣運不穩利弊難料，順其自然，穩定中求發展，靜待時來運轉。

事業得50分　創業初始非常辛苦，要有恆心毅力，多聽長輩意見成功機會較大。

家庭得50分　剛組成家庭時手忙腳亂一切尚未準備好，假以時日漸入佳境。

愛情得50分　雙方能互相溝通，建立良好印象，才可培養成為理想的伴侶。

以下僅以　◎=最佳　○=佳　△=平　X=差
投機運X　工作運X　未來運△

第七節　第301籤到第350籤吉凶論斷區

第301籤　下下籤

從您本身相關的數字或卜卦所得數字，在以下各方面得分

財運得40分　時運不穩猶如颱風中行船，要靜心應變克服困難，可往北方發展。

事業得45分　若想強行會招致失敗，轉換計策，通權達變以求脫離困境，才是要策。

家庭得45分　處理家庭事務能不慌不忙不怠，致力開創家運，則可平安幸福。

愛情得40分　健全的愛情關係在於互動與學習，目前愛情指數持平。

以下僅以　◎=最佳　○=佳　△=平　X=差
投機運X　工作運X　未來運X

第302籤　上吉籤

從您本身相關的數字或卜卦所得數字，在以下各方面得分

財運得85分　有蓄勢待發姿態，主動積極，善用交際，財運亨通。

事業得85分　基礎穩固，行事順利，業績蒸蒸日上，大有可為。

家庭得80分　苦盡甘來，家庭和樂，家運繁榮昌盛。

愛情得90分　順心如意，且能快速進展，能得幸福良緣。

以下僅以　◎=最佳　○=佳　△=平　X=差
投機運○　工作運◎　未來運◎

◆學數字斷吉凶，這本最好用◆

第303籤　上吉籤

財運得79分　財運通達，有施展空間，善用專長必有所為。

事業得75分　力圖改革，解決困難阻礙，能穩定成長與發展。

家庭得75分　多花點心思在家庭事務上，則可融洽幸福。

愛情得70分　不屈不撓排除阻礙，終將獲得信賴。

以下僅以　◎=最佳　○=佳　△=平　X=差
投機運△　工作運○　未來運○

第304籤　下下籤

財運得30分　心煩多慮，不知進退得失常在轉瞬間，難登富貴和樂鄉，注意財物。

事業得30分　有麻煩，犯小人，恐有被勒索或被騙破財之事發生，應多小心才是。

家庭得35分　家中成員言行不謹慎而招惹是非，需誠意解決；外出須注意人身攻擊。

愛情得30分　感情生變，一方無法釋懷，恐將採取報復手段，慎防人身安全。

以下僅以　◎=最佳　○=佳　△=平　X=差
投機運X　工作運X　未來運X

第305籤　下下籤

從您本身相關的數字或卜卦所得數字，在以下各方面得分

財運得40分　時運不濟運勢停滯不前，要注意不可將事情弄得更糟，貴人屬狗。

事業得30分　磁場不合，發展不順利，想轉換環境，若遇貴人指點可行之。

家庭得40分　家中有小風波難得平靜，偶爾全家到戶外走走，可改變目前氣氛。

愛情得30分　彼此不能坦誠相對，無法建立良好愛情，逐漸疏離，下一個會更好。

以下僅以　◎=最佳　○=佳　△=平　X=差
投機運X　工作運X　未來運X

第306籤　下下籤

從您本身相關的數字或卜卦所得數字，在以下各方面得分

財運得40分　運勢走下坡，不要憑自己的感覺亂投資，錢途堪慮，最好一切暫停。

事業得40分　不宜開創新事業或擴張，若想強行，定會失敗，將無法翻身。

家庭得40分　無事一身輕，目前進行的事最好能停止，免得出現艱危處境並招致災禍。

愛情得40分　非理想對象在行動之前請先停看聽，未深陷之前能抽身最好。

以下僅以　◎=最佳　○=佳　△=平　X=差
投機運X　工作運X　未來運X

第307籤　下下籤

從您本身相關的數字或卜卦所得數字，在以下各方面得分

財運得30分　無才無德實力欠佳，好高騖遠，註定是失敗的人，多聽前輩的建議。

事業得30分　正在走下坡，雖然忙的很，卻不見有好的成果，該休養休養了。

家庭得35分　麻煩的事尚未遠去，盡可能迴避，盲目去追求利益會兩敗俱傷。

愛情得30分　忽冷忽熱，分分合合，並不是一對好情人，該結束了。

以下僅以　◎=最佳　○=佳　△=平　Ｘ=差
投機運Ｘ　工作運Ｘ　未來運Ｘ

第308籤　下下籤

從您本身相關的數字或卜卦所得數字，在以下各方面得分

財運得45分　行事優柔寡斷容易受他人左右，多看多聽多學習，自己才有收穫。

事業得50分　宜向南方求發展，只要誠心不退縮，會有成果的，但不可耳根軟。

家庭得45分　瑣事太多心煩氣躁，定下心來多聽取別人的意見，能找到好方法。

愛情得45分　情路走的相當疲累，難以深入對方的心，找個愛情顧問幫幫忙吧！

以下僅以　◎=最佳　○=佳　△=平　Ｘ=差
投機運Ｘ　工作運△　未來運Ｘ

第309籤　中中籤

從您本身相關的數字或卜卦所得數字，在以下各方面得分

財運得69分　運勢開始由逆轉順，應積極振作好好計劃，將有所作爲。

事業得60分　事業處於低潮，退守較佳，等待良好時機，再謀前途。

家庭得65分　目前仍處艱難困境之下，但今日的努力，將成爲明日成功的基石。

愛情得65分　看開一點，不用愁眉不展，累積經驗，下次會更好。

以下僅以　◎=最佳　○=佳　△=平　X=差
投機運○　工作運△　未來運△

第310籤　上吉籤

從您本身相關的數字或卜卦所得數字，在以下各方面得分

財運得90分　時來運轉，福星高照，一切困惑即將解除，前途無限美好。

事業得90分　專心經營，化阻力爲助力，能得貴人相助，事業進展順利。

家庭得90分　經歷一番苦心耕耘，終獲美滿成果，能逐漸幸福繁榮。

愛情得90分　理想中的情人終於出現，更能共浴於甜蜜的愛河中。

以下僅以　◎=最佳　○=佳　△=平　X=差
投機運◎　工作運◎　未來運◎

第311籤　上吉籤

從您本身相關的數字或卜卦所得數字，在以下各方面得分

財運得90分　財勢氣運漸轉通達，能遇志同道合之人，共同創造佳績。

事業得95分　事業得人協助，日漸昌盛，持盈保泰，喜事成雙。

家庭得85分　家運隆昌，喜事連連，須持善心做好事，以保家運不衰。

愛情得80分　愛情運不錯，但還須經人介紹安排，才能得知音相伴。

以下僅以　◎=最佳　○=佳　△=平　Ⅹ=差
投機運◎　工作運◎　未來運◎

第312籤　上吉籤

從您本身相關的數字或卜卦所得數字，在以下各方面得分

財運得95分　財運繁榮長久，一切平安順心，能獲名利之象。

事業得95分　身逢其時，適得其所，謹守崗位能創事業高峰。

家庭得90分　一路平順，逢凶化吉，家運隆盛持久，幸福美滿。

愛情得95分　交往順利，人人稱羨，濃情蜜意共譜美好戀曲。

以下僅以　◎=最佳　○=佳　△=平　Ⅹ=差
投機運◎　工作運◎　未來運◎

第313籤　下下籤

財運得30分　運勢太差了，事事不順窒礙難行，急需貴人拉拔，可惜遠在天邊。

事業得30分　猶如火燒摩天樓危險萬分，千尋萬找苦無龍神降雨來。

家庭得35分　面臨許多困難與災厄，自己無法解決，須求助親友，心急不成事。

愛情得30分　不樂觀年少無知，懵懂而闖禍，無能力善後，向父母求助吧！

以下僅以　◎=最佳　○=佳　△=平　Ｘ=差
投機運Ｘ　工作運Ｘ　未來運Ｘ

第314籤　中中籤

從您本身相關的數字或卜卦所得數字，在以下各方面得分

財運得69分　財運由困境轉為亨通，千頭萬緒勞神費力，須借助貴人支援。

事業得60分　事務紛雜，勞心勞力，善用人際關係或能有所進展。

家庭得65分　意見頗不一致，力量分散；多聽長輩建議，能改家運。

愛情得65分　愛情運不錯，同時有數個對象，取捨之間，多聽他人建言。

以下僅以　◎=最佳　○=佳　△=平　Ｘ=差
投機運△　工作運△　未來運○

◆學數字斷吉凶，這本最好用◆

第315籤　中中籤

財運得69分　有潛在風險，但能逢凶化吉；須有萬全準備，防範未然。

事業得65分　應詳細規劃，勿粗心妄動，謹慎行事，可望圓滿成功。

家庭得65分　有危機存在，但只要用心面對，則能保持家庭和諧。

愛情得65分　小心情敵出現，要把握表現的機會，勝利者仍是你。

以下僅以　◎=最佳　○=佳　△=平　Ⅹ=差
投機運△　工作運○　未來運○

第316籤　上吉籤

財運得75分　財勢氣運尚佳，依循正道投資經營，則可順利成功，投機則不佳。

事業得79分　經營事業務必慎重其事，循規蹈矩，不宜急躁妄進，可成就大業。

家庭得79分　如能安守本分，勤儉持家，則能漸漸走向康莊大道，和樂幸福。

愛情得75分　自愛自重，以誠相待，切忌舉止輕浮，感情自然能獲進展。

以下僅以　◎=最佳　○=佳　△=平　Ⅹ=差
投機運△　工作運○　未來運○

◆ 第五章　數字籤號吉凶論斷解釋區 ◆

第317籤　下下籤

從您本身相關的數字或卜卦所得數字，在以下各方面得分

財運得30分　正處於危險期，運途多舛，糾葛不清，注意飛來橫禍。

事業得30分　有人處心積慮在覬覦你的事業與財務，隨時提高警覺注意週遭。

家庭得30分　注意陌生人會對家中成員有不利的舉動，外出儘量結伴而行。

愛情得35分　有第三者介入想破壞你們的交往，雙方只有堅定愛的信念才有未來。

以下僅以　◎=最佳　○=佳　△=平　Ｘ=差
投機運Ｘ　工作運Ｘ　未來運Ｘ

第318籤　上吉籤

從您本身相關的數字或卜卦所得數字，在以下各方面得分

財運得90分　財運平順通達，目光放遠，志向寬廣，能獲滿意結果。

事業得90分　可得多向發展，順勢而爲，無阻礙，前途光明遠大。

家庭得80分　家庭較缺乏天倫之樂，但家運昌隆，各有所成，足堪欣慰。

愛情得80分　對象不少，心未決、意未定；應明快抉擇，否則弄巧成拙。

以下僅以　◎=最佳　○=佳　△=平　Ｘ=差
投機運◎　工作運◎　未來運◎

◆學數字斷吉凶，這本最好用◆

252

第319籤　下下籤

從您本身相關的數字或卜卦所得數字，在以下各方面得分

財運得30分　一跛一跛路難行，阻礙重重，一生會過的很辛苦。

事業得35分　身無長志，容易被人批評，趕快充實內在或學一技之長，以改變困境。

家庭得35分　負氣離家，在外不如意，若想回溫暖家，宜放低姿態。

愛情得35分　身在福中不知福，太輕易得到不會珍惜，想回頭為時已晚。

以下僅以　◎=最佳　○=佳　△=平　X=差
投機運X　工作運X　未來運X

第320籤　下下籤

從您本身相關的數字或卜卦所得數字，在以下各方面得分

財運得30分　樂極生悲，一意孤行，受朋友蠱惑，結交都是朱門酒肉臭之人。

事業得35分　對事物要有最壞的打算，勿心存僥倖，勿遊走法律邊緣。

家庭得30分　上樑不正下樑歪，隨時注意自己的言行舉止，做個好榜樣吧！

愛情得30分　愛情是兩情相悅，威脅利誘，強求得來是不會長久的。

以下僅以　◎=最佳　○=佳　△=平　X=差
投機運X　工作運X　未來運X

第321籤　下下籤

財運得50分　起伏多，屬於運勢的週轉期，黎明前的黑暗會過去，靜待金羊報佳音。

事業得45分　危機四伏，多事之秋，正處於低潮期，尋找貴人相助才有轉機。

家庭得40分　出現許多問題，糾纏不清難以擺脫；情況會持續，直到羊年才會改善。

愛情得45分　爲愛傷心爲情所苦，煩惱感情是否有好結果，放心吧，會成功的。

以下僅以　◎=最佳　○=佳　△=平　Ｘ=差
投機運Ｘ　工作運Ｘ　未來運△

第322籤　下下籤

財運得40分　進退維谷之中不宜妄動，忍辱負重，等待時機再往西南而行。

事業得40分　會面臨不曾遭遇的問題，壓力考驗大，好好想想，會是個轉捩點。

家庭得35分　六親無助，貧困無人接濟，看開點，自己要爭氣。

愛情得30分　容易有三角關係，雙方非良緣，最好不要再強求，分手吧！

以下僅以　◎=最佳　○=佳　△=平　Ｘ=差
投機運Ｘ　工作運Ｘ　未來運Ｘ

第323籤　下下籤

從您本身相關的數字或卜卦所得數字，在以下各方面得分

財運得30分　易遭無妄之災，眾叛親離，欲求改善，多做多敗徒增傷害而已。

事業得30分　所託非人，事業出現危機，背叛之人竟是得力助手。

家庭得30分　屋漏偏逢連夜雨，煩事已是一大堆，夫妻之間卻出現第三者。

愛情得35分　出現競爭對手，倆人感覺已漸漸變調，快請救兵，否則將成過去式。

以下僅以　◎=最佳　○=佳　△=平　X=差
投機運X　工作運X　未來運X

第324籤　下下籤

從您本身相關的數字或卜卦所得數字，在以下各方面得分

財運得45分　氣運不通「君子以儉德避難」，充實自己伺機而行，終能撥雲見日。

事業得50分　白手起家，經過一段艱辛路後，情勢逐漸好轉中。

家庭得55分　剛組成家庭時生活頗為艱苦，努力至今，上下和樂，開拓新境界。

愛情得50分　追得很辛苦，在感情上還會漂流一陣子才會有美麗的戀情。

以下僅以　◎=最佳　○=佳　△=平　X=差
投機運X　工作運△　未來運△

第325籤　上吉籤

財運得75分　財運漸趨平順，拿定主義，不久將會有所進展。

事業得75分　業務將有所突破，得以順利進行獲得成效。

家庭得75分　聚少離多的日子將結束，往日歡笑即將重現。

愛情得70分　您日夜思念的情人，終於有了回音，不久將可重續前緣。

以下僅以　◎=最佳　○=佳　△=平　╳=差
投機運○　工作運○　未來運◎

第326籤　中中籤

財運得65分　變動之數，時好時壞，若能掌握時機，財氣亨通。

事業得65分　事業能有進展，但須防內部意見不合，否則徒然無功。

家庭得59分　夫妻感情不睦，可能有外遇危機，應理性處理。

愛情得55分　感情尚未有歸屬，容易處於不明狀態，搖擺不定。

以下僅以　◎=最佳　○=佳　△=平　╳=差
投機運△　工作運△　未來運△

第327籤　中中籤

從您本身相關的數字或卜卦所得數字，在以下各方面得分

財運得69分
財勢氣運尚弱，遠大志向能否實現，尚在未定之天。

事業得60分
根基穩固，有能力向外擴展，但須知成功不是偶然。

家庭得65分
未雨綢繆，無後顧之憂；若過於奢華，易遭衰敗。

愛情得65分
理想的對象已經出現，能否成功就要看自己努力的程度。

以下僅以　◎＝最佳　○＝佳　△＝平　Ｘ＝差
投機運△　工作運△　未來運△

第328籤　上吉籤

從您本身相關的數字或卜卦所得數字，在以下各方面得分

財運得90分
順利通達之時運，利祿亨通，但須堅守崗位，持之以恆。

事業得95分
事業基礎深厚，環境有利經營，可以逸代勞，成功獲利。

家庭得85分
平順豐盛之象，只要持續用心耕耘，幸福長久。

愛情得85分
感情能順利滋長，不要動搖信念，時機成熟非您莫屬。

以下僅以　◎＝最佳　○＝佳　△＝平　Ｘ＝差
投機運◎　工作運◎　未來運◎

第329籤　上吉籤

財運得80分　財勢平穩，聚沙成塔，積少成多能持續成長。

事業得70分　不可投機，秉持誠信與眞誠，一步一腳印，踏實前進。

家庭得80分　今日的成就就是靠長期辛苦的累積，莫忘勤儉，家運昌隆。

愛情得75分　感情基石穩固，繼續保持，能見美好成果。

以下僅以　◎=最佳　○=佳　△=平　╳=差
投機運○　工作運○　未來運◎

第330籤　上吉籤

財運得95分　財運昌盛亨通，適逢其時，無往不利，名利雙收之象。

事業得90分　大環境適合您的事業，若能配合社會脈動，能更上層樓。

家庭得95分　家中之事能順利成功，喜氣洋洋家運昌隆繁盛。

愛情得95分　愛情甜蜜，如膠似漆，感情順利成長，結果美滿。

以下僅以　◎=最佳　○=佳　△=平　╳=差
投機運◎　工作運◎　未來運◎

第331籤　上吉籤

財運得75分　知福惜福，命運中已到了高峰，就要知足常樂，方可長久興盛。

事業得75分　事業昌盛，不要驕傲自滿，目前不宜再擴張，守住現況就好。

家庭得75分　是一個不錯的局面，家宅可旺守，但要注意勿因目前的好運而鬆懈。

愛情得75分　穩定中發展迅速，甜蜜如意讓人稱羨，三心二意會變成致命傷。

以下僅以　◎=最佳　○=佳　△=平　X=差
投機運○　工作運○　未來運○

第332籤　上吉籤

財運得90分　運勢亨通，所託得人，可達成目標，可喜可賀。

事業得85分　獲得有力助手，經營策略正確，生意興隆。

家庭得89分　家庭感情融洽，幸福美滿，吉慶有餘。

愛情得90分　尋得理想對象，感情甜蜜，是人人稱羨的一對。

以下僅以　◎=最佳　○=佳　△=平　X=差
投機運△　工作運△　未來運○

第五章　數字籤號吉凶論斷解釋區

259

第333籤　下下籤

財運得35分　由盛轉衰，身處窘境，虛有其表；此時宜把持心性，安分守己為要。

事業得45分　事情遇到困難，應先了解其重點，再勇敢克服，誠心檢討再出發。

家庭得45分　表面順心如意，太過放縱情慾，將導致家運衰微。

愛情得40分　不要強求順其自然發展，不可任性從事，否則會破壞姻緣。

以下僅以　◎=最佳　○=佳　△=平　╳=差
投機運╳　工作運╳　未來運╳

第334籤　中中籤

從您本身相關的數字或卜卦所得數字，在以下各方面得分

財運得60分　氣運尚未穩固，憂喜參半，不急不躁，方能有所收穫。

事業得60分　環境變化多端，宜調整步伐，伺時而進，方有勝利之機。

家庭得65分　顧慮太多反而產生束縛，應讓家人有發揮空間。

愛情得60分　得失心太重，影響交往進展，放輕鬆自然順利。

以下僅以　◎=最佳　○=佳　△=平　╳=差
投機運△　工作運△　未來運△

◆學數字斷吉凶，這本最好用◆

260

第335籤　下下籤

財運得40分　堅守本份，認清自己的能力，不隨環境或氣氛起舞，保持冷靜。

事業得35分　為事業勞心傷神卻不如願，不要給自己太大壓力，應樂觀處世。

家庭得40分　生活常感壓力，事情瑣碎繁雜，保持原有的處事態度，心情愉快。

愛情得40分　知己難尋，愛情可遇不可求，平常心對待反而會有不錯的進展。

以下僅以　◎=最佳　○=佳　△=平　X=差
投機運X　工作運X　未來運X

第336籤　上吉籤

財運得80分　財勢氣運轉強，形勢有利，積極前進，成功在望。

事業得80分　業績會因為平時的努力和舊客戶的牽引，而有顯著進展。

家庭得75分　家庭成員互相節制和配合，一切阻礙困難可迎刃而解。

愛情得75分　主動積極，懇切周到，將能增進感情成長，順利成功。

以下僅以　◎=最佳　○=佳　△=平　X=差
投機運○　工作運○　未來運○

第五章　數字籤號吉凶論斷解釋區

第337籤　下下籤

從您本身相關的數字或卜卦所得數字，在以下各方面得分

財運得35分　運勢多曲折，要小心身體疾病及意外之災，放慢腳步，休息一下。

事業得30分　面臨困境，自己一直無法處理，暫時忍耐不要給自己太多壓力。

家庭得30分　氣場頗為煩亂，財運差，內爭不斷，無法做出良性的溝通與互動。

愛情得40分　日漸冷淡，有分手的可能，要注意彼此的風度，不要造成傷害。

以下僅以　◎=最佳　○=佳　△=平　X=差
投機運X　工作運X　未來運X

第338籤　中中籤

從您本身相關的數字或卜卦所得數字，在以下各方面得分

財運得60分　財運略有阻礙，積極努力，排除困難，可見光明大道。

事業得65分　信心十足，但努力不夠，須多花點心思，不畏辛勞方可成功。

家庭得60分　對家庭付出太少，應少說多做，共創美好未來。

愛情得60分　要比別人付出加倍心力，才能達到目標。

以下僅以　◎=最佳　○=佳　△=平　X=差
投機運△　工作運△　未來運△

◆學數字斷吉凶，這本最好用◆

第339籤　上吉籤

從您本身相關的數字或卜卦所得數字，在以下各方面得分

財運得80分　氣運漸通，佔天時地利之便，能迎接大好時運。

事業得85分　有如奇蹟展現，逐步順利發展，加強人際關係，有助大運開展。

家庭得70分　一切紛爭將掃除，障礙容易化解，後運良好。

愛情得75分　愛情逐漸加溫，時機良好，交往順利。

以下僅以　◎=最佳　○=佳　△=平　X=差
投機運○　工作運○　未來運○

第340籤　上吉籤

從您本身相關的數字或卜卦所得數字，在以下各方面得分

財運得95分　財運氣勢登峰造極，富貴顯達，一帆風順，平步青雲。

事業得90分　事情能得對方認同與強烈支持，喜訊頻傳，成功提前來到。

家庭得90分　家庭和諧幸福，互相信任，團結一致家運隆昌長久。

愛情得90分　互相欣賞，感情迅速成長，一路平順，結局圓滿。

以下僅以　◎=最佳　○=佳　△=平　X=差
投機運◎　工作運◎　未來運◎

◆第五章　數字籤號吉凶論斷解釋區◆

第341籤　下下籤

從您本身相關的數字或卜卦所得數字，在以下各方面得分

財運得30分　阻礙不順遇事迷惑，固執不聽忠告，錯過時機，面對考驗。

事業得30分　景氣欠佳，行事要小心謹慎，急躁妄進只有失敗。

家庭得30分　家中口舌是非多，會有外出之象；注意內部成員，星星之火可燎原。

愛情得30分　自以為是，弄巧成拙，已是沒有結果的愛情，另覓他緣吧！

以下僅以　◎=最佳　○=佳　△=平　X=差
投機運X　工作運X　未來運X

第342籤　上吉籤

從您本身相關的數字或卜卦所得數字，在以下各方面得分

財運得95分　氣勢如日中天，財運亨通，正是投資最佳時機，能如願。

事業得90分　業務推展盡在掌握之中，能順利執行，成功無礙。

家庭得90分　人逢喜事精神爽，諸事如意吉祥，家運興盛之象。

愛情得90分　愛情持續加溫，陶醉在愛河裡，甜蜜幸福。

以下僅以　◎=最佳　○=佳　△=平　X=差
投機運◎　工作運◎　未來運◎

第343籤　下下籤

財運得40分　會有阻礙，心急不成事，堅持到對自己有利的情勢，才有利益。

事業得45分　業務頻繁但就是不賺錢，目前不要急躁妄進，靜待好時機降臨。

家庭得40分　目前稍有困難，把握時機稍作調整，逐步推動，家運能出曙光。

愛情得35分　雖有祝福與支持，目前還沒有成局，不要急，情況會慢慢轉好。

以下僅以　◎=最佳　○=佳　△=平　X=差
投機運X　工作運X　未來運△

第344籤　上吉籤

財運得80分　財勢平順，能獲益友相助，共同達成目標。

事業得85分　有伙伴相助，共同協力從事，成功的機率大增。

家庭得75分　夫妻同心協力，化解困難，家庭和諧幸福。

愛情得79分　相知相惜，交往順利，終能永結同心。

以下僅以　◎=最佳　○=佳　△=平　X=差
投機運○　工作運○　未來運◎

第五章　數字籤號吉凶論斷解釋區

265

第345籤　下下籤

財運得30分　多事之秋，起伏變動大，行事不得要領，盲進不知停，徒勞無功。

事業得35分　謀事計劃須修改，可找信賴之人重訂方法，不可一意孤行而樹敵。

家庭得30分　家庭因互不相讓而起風波，必須改變溝通方法才能挽回離散之象。

愛情得30分　進展不順，毫無成果，考量對方的需求制定新對策，才有希望。

以下僅以　◎=最佳　○=佳　△=平　X=差
投機運X　工作運X　未來運X

第346籤　中中籤

財運得65分　氣運尚平順，只是須謹言慎行，自我克制，則可圓滿成功。

事業得65分　以和為貴，不要強出頭或偏私不公，則事業順利。

家庭得60分　對家人多容忍關愛，以柔和的姿態相處，則美滿幸福。

愛情得60分　時好時壞，波折不斷，化解之道在於低調謙遜。

以下僅以　◎=最佳　○=佳　△=平　X=差
投機運△　工作運○　未來運△

第347籤　中中籤

從您本身相關的數字或卜卦所得數字，在以下各方面得分

財運得60分　財運尚不穩定，切忌焦急妄動，終將穩定有成。

事業得65分　急於開展事業，卻未有所獲，應靜心思考，或有成功之機。

家庭得60分　愛之深責之切，過於嚴格反而疏遠親情，宜改變方式。

愛情得60分　感情還在虛實之間，須要接受時間的考驗。

以下僅以　◎=最佳　○=佳　△=平　X=差
投機運△　工作運△　未來運△

第348籤　上吉籤

從您本身相關的數字或卜卦所得數字，在以下各方面得分

財運得95分　運氣特別好，一切亨通，欣欣向榮名利雙收之象。

事業得90分　能突破以往的困境，並大有斬獲；多方經營，財源廣進。

家庭得95分　喜事臨門，家中成員有人高陞，或者找到好的伴侶。

愛情得90分　紅鸞星動，會有意外喜悅的戀情發生，好好把握。

以下僅以　◎=最佳　○=佳　△=平　X=差
投機運◎　工作運◎　未來運◎

第349籤　上吉籤

從您本身相關的數字或卜卦所得數字，在以下各方面得分

財運得90分　運勢很好，有成功的機會，處事誠懇待人和悅，事業則更完美。

事業得95分　正是發揮專業技術的時候，掌握地利人和即可成功。

家庭得85分　有漸盛的趨勢，夫妻若能相扶持，用心經營會有不錯的成果。

愛情得90分　雙方的感情有不錯的良緣牽引，亦有眾多的幫助與祝福。

以下僅以　◎=最佳　○=佳　△=平　X=差
投機運◎　工作運◎　未來運◎

第350籤　上吉籤

從您本身相關的數字或卜卦所得數字，在以下各方面得分

財運得90分　鴻福齊天逢凶化吉，心中不可懷疑，盡心盡力自然可得廣大助力。

事業得95分　謀事在人，成事在天，能得天時之助，放手一博，事情會成功的。

家庭得80分　事情決定了就不要猶豫不決，放心去實行會如願的。

愛情得80分　感情路上會有不錯的喜訊，彼此心意相通，大膽告白吧！

以下僅以　◎=最佳　○=佳　△=平　X=差
投機運○　工作運◎　未來運◎

◆ 學數字斷吉凶，這本最好用 ◆

第八節　第351籤到第384籤吉凶論斷區

第351籤　中中籤

從您本身相關的數字或卜卦所得數字，在以下各方面得分

財運得65分
運勢先衰後盛，易遭橫逆險阻，幸得貴人相助，化險為夷。

事業得69分
易遭排擠陷入危困之中，幸獲貴人適時相助，免除危機。

家庭得65分
會有嚴重問題糾葛，若能站穩立場，將有貴人出面化解。

愛情得65分
易被花言巧語所矇騙，幸得貴人指點，化解困厄。

以下僅以　◎=最佳　○=佳　△=平　X=差
投機運△　工作運△　未來運○

第352籤　下下籤

從您本身相關的數字或卜卦所得數字，在以下各方面得分

財運得30分
小人當道，輕舉妄動被人矇騙，逞一時而身陷歧途，目前唯有忍耐。

事業得30分
時機不好，再行三思，受人引誘、貿然行事會落得血本無歸。

家庭得30分
不順遂，家內不和，謀事也倍覺辛勞，付出心血卻收不到成果。

愛情得30分
競爭者多，感情並不是很堅定，必定走得風風雨雨，不宜戀愛交往。

以下僅以　◎=最佳　○=佳　△=平　X=差
投機運X　工作運X　未來運X

◆ 第五章　數字籤號吉凶論斷解釋區 ◆

269

第353籤　中中籤

從您本身相關的數字或卜卦所得數字，在以下各方面得分

財運得65分　財運尚未穩定，若能求教成功之人，情況可獲改善。

事業得60分　努力經營不用灰心，潛力已見，終將獲得青睞。

家庭得65分　全面維護家庭和諧，又獲長輩認同，能重振家運。

愛情得60分　若得貴人指引，現狀將可突破，獲得愛情滋潤。

以下僅以　◎=最佳　○=佳　△=平　X=差
投機運△　工作運△　未來運○

第354籤　中中籤

從您本身相關的數字或卜卦所得數字，在以下各方面得分

財運得65分　財運雖旺，但機會稍縱即逝，須努力用心。

事業得60分　業績起落頗大，應慎重行事，注意細節，方可轉禍為福。

家庭得60分　幸福如過往雲煙，內外皆憂，幸處置得法，能逢凶化吉。

愛情得60分　短暫甜蜜期已過，煩擾旋即產生；不要操之過急，終可順利。

以下僅以　◎=最佳　○=佳　△=平　X=差
投機運△　工作運△　未來運○

第355籤　上吉籤

從您本身相關的數字或卜卦所得數字，在以下各方面得分

財運得75分　財勢平順，能獲益友相助，共同達成目標。

事業得80分　有伙伴相助，共同協力從事，成功的機率大增。

家庭得80分　夫妻同心協力，化解困難，家庭和諧幸福。

愛情得79分　相知相惜，交往順利，終能永結同心。

以下僅以　◎=最佳　○=佳　△=平　X=差
投機運○　工作運○　未來運◎

第356籤　下下籤

從您本身相關的數字或卜卦所得數字，在以下各方面得分

財運得30分　多事之秋起伏變動大，如能行事果斷，借助他人力量，或有轉機。

事業得35分　事業的決策要果斷堅定，猶豫不決耽誤時機，是無法成事的。

家庭得30分　家庭發生困難，全家上下都已無心戀家，有心悔悟方可挽回。

愛情得40分　感情上能坦白誠意，會有不錯良緣，三心二意會誤了大好良緣。

以下僅以　◎=最佳　○=佳　△=平　X=差
投機運X　工作運X　未來運X

第357籤　下下籤

財運得30分　困難重重，事事不如意，徒勞無功，外援未到，只能忍辱負重。

事業得30分　經營不順，而且不會如自己所預期的如此簡單，可尋求外援。

家庭得30分　經常爭吵，家庭糾紛不斷，無法再溝通時，可請社會團體協助。

愛情得30分　會有口舌紛爭，小人排擠，甚至有第三者介入等不好的現象。

以下僅以　◎=最佳　○=佳　△=平　X=差
投機運X　工作運X　未來運X

第358籤　上吉籤

財運得95分　運來城牆亦擋不住，一切可照自己的心願實行，功成名就之時。

事業得95分　是你的大好時機，事半功倍的結果，順勢而為可獲得成功。

家庭得90分　由平轉旺，可照自己原有的計劃或想做的事去投資，家人會支持。

愛情得95分　有道是人逢喜事精神爽，郎才女貌、天作之合，可成功結成美眷。

以下僅以　◎=最佳　○=佳　△=平　X=差
投機運◎　工作運◎　未來運◎

第359籤　中中籤

從您本身相關的數字或卜卦所得數字，在以下各方面得分

財運得60分　氣運尚在凝聚中，暫時無法施展抱負，靜待時運。

事業得60分　目標未能完成，希望經常落空，請勿灰心，終將有所獲。

家庭得60分　略有阻礙，事緩則圓，平心靜氣自然好轉。

愛情得60分　時機尚未成熟，無功而返，假以時日，另有一番局面。

以下僅以　◎=最佳　○=佳　△=平　X=差
投機運△　工作運△　未來運△

第360籤　中中籤

從您本身相關的數字或卜卦所得數字，在以下各方面得分

財運得60分　財運不穩定，在逆境中力爭上游，險中得財。

事業得60分　危機潛伏，但能提前防範化解，終能財利雙收。

家庭得65分　考慮周詳，處事細心，消弭變故於無形，家運漸隆。

愛情得60分　可預見存在的問題，憂慮無益，以行動去化解吧！

以下僅以　◎=最佳　○=佳　△=平　X=差
投機運△　工作運△　未來運△

第361籤　下下籤

財運得30分　運勢走下坡，萬事阻滯不前，凡事三思，不可一意孤行，惟有小心行事。

事業得30分　事業不得開展亦有可能坐困愁城，縱有理想與才能也無法發揮。

家庭得30分　不順，家人被引誘做出傷害的行為，想恢復原來的情景，難了。

愛情得35分　甜蜜的時光已成過去，對方心已不在自己身上，徒留傷感空留遺憾。

以下僅以　◎=最佳　○=佳　△=平　╳=差
投機運╳　工作運╳　未來運╳

第362籤　上吉籤

財運得90分　一陽復始，可以得到貴人的幫助與提攜，成功指日可待。

事業得95分　是你的大好時機，對於事業上已經有很好規劃時要好好的衝刺。

家庭得85分　各項事務都按照規劃進行，全員同心協力，會使家庭一切亨通圓滿。

愛情得85分　雙方是有緣的一對戀人，能積極主動會有意想不到的喜悅發生。

以下僅以　◎=最佳　○=佳　△=平　╳=差
投機運◎　工作運◎　未來運○

◆ 學數字斷吉凶，這本最好用 ◆

第363籤　下下籤

從您本身相關的數字或卜卦所得數字，在以下各方面得分

財運得30分　萬事慎於始，實質的收穫還沒有機會，反而意外狀況連連發生。

事業得30分　不會有任何進展與獲利，目前不宜做事業上的擴展，慎防被倒帳。

家庭得35分　前有誤會未解，雖然誠心協調，但仍難達成共識。

愛情得35分　波折多於快樂，自己付出永遠比對方多，卻收不到應有關懷與溫柔。

以下僅以　◎=最佳　○=佳　△=平　Ｘ=差
投機運Ｘ　工作運Ｘ　未來運Ｘ

第364籤　上吉籤

從您本身相關的數字或卜卦所得數字，在以下各方面得分

財運得95分　好運當前，能夠突破以前的難關，欣欣向榮有大收穫。

事業得90分　行事標準要彈性，大原則不變小原則隨變，能得心應手業績直升。

家庭得85分　困苦與波折都已成雲煙，家運逐漸好轉，光明幸福在望。

愛情得85分　進退有序，戀情會逐漸加溫，享受愛情的滋味。

以下僅以　◎=最佳　○=佳　△=平　Ｘ=差
投機運○　工作運◎　未來運◎

第365籤　下下籤

從您本身相關的數字或卜卦所得數字，在以下各方面得分

財運得45分　前途通達光明，樂不思蜀得意忘形會失敗的，要有憂患意識。

事業得45分　投資方向有誤，勿忽視週遭親友對你所提出中懇的建言。

家庭得35分　家中有人負氣出走，在外逍遙，家人日夜期盼等著你回來。

愛情得35分　此感情並非眞正良緣，不被祝福，眞正的伴侶還在默默等著你。

以下僅以　◎=最佳　○=佳　△=平　X=差
投機運X　工作運X　未來運△

第366籤　下下籤

從您本身相關的數字或卜卦所得數字，在以下各方面得分

財運得35分　充滿不好的變數，結果不如預期，妄動謀取徒增挫折。

事業得35分　會有虧損的現象，勿輕言投資；若謀事方面，必須付出長時間的等待。

家庭得40分　生活上會過得比較辛苦，物質上會比較缺乏，家人須面臨考驗。

愛情得35分　會有波折，雙方內心也有不安全及空虛，不要給對方太大壓力。

以下僅以　◎=最佳　○=佳　△=平　X=差
投機運X　工作運X　未來運X

◆ 學數字斷吉凶，這本最好用 ◆

第367籤　上吉籤

從您本身相關的數字或卜卦所得數字，在以下各方面得分

財運得90分　運勢漸漸通順，才能有所發揮，充滿喜悅與希望。

事業得85分　走對行業可以盡情施展才華並得到認同，假以時日成就非凡。

家庭得90分　已渡過艱困期，夫妻間能互相扶持感情融洽，陶醉在幸福中。

愛情得85分　有異國情緣，彼此的緣份深厚，要把握這段良緣。

以下僅以　◎=最佳　○=佳　△=平　Ｘ=差
投機運△　工作運◎　未來運◎

第368籤　中中籤

從您本身相關的數字或卜卦所得數字，在以下各方面得分

財運得60分　氣運不甚平順，阻礙相繼出現，坦然以對，終獲光明。

事業得60分　事業變化頗大，堅定信念，順應自然，會有所成。

家庭得65分　對家人勸告方式不要太直接，耐心經營，終有好家運。

愛情得65分　迂迴前進，不要過份奢求，順乎自然，反而能有進展。

以下僅以　◎=最佳　○=佳　△=平　Ｘ=差
投機運△　工作運△　未來運△

第369籤　中中籤

從您本身相關的數字或卜卦所得數字，在以下各方面得分

財運得65分　運勢漸由逆境轉順，建立信心，善用方法，很快能有好結果。

事業得60分　長期經營未顯現成果，不用心急轉個方式，績效立現。

家庭得65分　辛勤經營苦心不會白費，眼光放遠一點，喜慶自然來。

愛情得65分　感情進展緩慢，令人擔心，改變態度和方法，能有好消息。

以下僅以　◎=最佳　○=佳　△=平　X=差
投機運△　工作運△　未來運○

第370籤　下下籤

從您本身相關的數字或卜卦所得數字，在以下各方面得分

財運得30分　需要他人幫忙，無奈對方無力助你突破現狀，短時間內難以出運。

事業得30分　出現困難與阻礙，急需尋找他人協助改變現狀，可惜無能為力。

家庭得30分　遭逢變故，財務工作出現問題，四處請託，卻無人相助。

愛情得30分　愛情尚未成功，卻出現許多波折，積極找人協助，卻徒勞無功。

以下僅以　◎=最佳　○=佳　△=平　X=差
投機運X　工作運X　未來運X

第371籤　上吉籤

從您本身相關的數字或卜卦所得數字，在以下各方面得分

財運得85分　有強盛的企圖心，能忍受孤軍奮鬥，雖少親情鼓舞，一樣能邁向成功。

事業得95分　驛馬型適合離家發展，少時四處轉戰職場，幸有貴人扶持終能成功。

家庭得85分　早年為生活打拼奔波勞碌，終有代價，能有幸福美滿的家庭。

愛情得80分　心智早熟，是個情場高手，能夠享受戀愛幸福的滋味。

以下僅以　◎=最佳　○=佳　△=平　X=差
投機運◎　工作運◎　未來運○

第372籤　下下籤

從您本身相關的數字或卜卦所得數字，在以下各方面得分

財運得35分　作事絆手絆腳窒礙難行，一動不如一靜，小心能駛萬年船。

事業得30分　見異思遷，勿撈過界，能力未及，還是專心本業，否則兩頭空。

家庭得30分　好高騖遠，追求安逸的生活，對家庭不盡責，已埋下危機。

愛情得35分　劈腿一族，想腳踏兩條船的話可會觸礁的。

以下僅以　◎=最佳　○=佳　△=平　X=差
投機運X　工作運X　未來運X

第373籤　上吉籤

財運得80分　運勢平順，無欲無求，謙和待人才能獲得好評與信賴支持。

事業得80分　平順之象，固守正業，腳踏實地不忮不求，順其自然，是謂福氣。

家庭得70分　生活清淡簡樸，不貪求榮華富貴，自然可清心寡欲，知足常樂。

愛情得75分　不要花招，出自眞誠，雖然無羅曼蒂克的氣氛，卻別有一番風味。

以下僅以　◎=最佳　○=佳　△=平　Ⅹ=差
投機運○　工作運○　未來運◎

第374籤　中中籤

從您本身相關的數字或卜卦所得數字，在以下各方面得分

財運得65分　財運漸有成長，經歷一番波折，終能有所收穫。

事業得65分　奔波忙碌，意志堅定，雖有阻礙終能皆大歡喜。

家庭得65分　勤儉持家辛勞忙碌，所幸成員團結一致，家運昌隆。

愛情得65分　爲維持感情熱度，奔波辛勞，雖有些憂煩，但能開花結果。

以下僅以　◎=最佳　○=佳　△=平　Ⅹ=差
投機運△　工作運△　未來運○

第375籤　上吉籤

從您本身相關的數字或卜卦所得數字，在以下各方面得分

財運得90分
　困難總能化險為夷，即使走在滿目瘡痍的小徑上，路總是平坦的。

事業得95分
　雖有競爭對手，幸運之神與你同在，克服萬難，終可獲得勝利。

家庭得80分
　家中暫時無法達成共識，俟時機成熟再溝通協調，可得滿意結果。

愛情得80分
　目前所交往的對象人緣很好，競爭者眾，不氣餒，愛神為你加持。

以下僅以　◎=最佳　○=佳　△=平　Ｘ=差
投機運○　工作運○　未來運◎

第376籤　下下籤

從您本身相關的數字或卜卦所得數字，在以下各方面得分

財運得40分
　財運不順一路走來很辛苦，無人相扶持，往西南而行可得貴人。

事業得35分
　內部有雜音，對你所提出的意見無人贊同，孤木難撐，想開一點吧！

家庭得35分
　常有煩心之事，沒辦法從根源解決，眼前只能等待了。

愛情得30分
　初時情投意合，而後互挑毛病，須各自退回原點，才有轉機。

以下僅以　◎=最佳　○=佳　△=平　Ｘ=差
投機運Ｘ　工作運Ｘ　未來運Ｘ

第377籤　下下籤

從您本身相關的數字或卜卦所得數字，在以下各方面得分

財運得45分　凡事最好不要深入，以退守為宜；既定計劃上量力而為，不要勉強。

事業得40分　目前的計劃尚未動手執行時，能三思，以退守為上策。

家庭得30分　一人一款命，不要羨慕他人錦衣玉食，家運不算昌隆，知足亦平安。

愛情得40分　感情方面並不是很堅定，尚處於考驗期，採取保守政策，待轉機。

以下僅以　◎=最佳　○=佳　△=平　X=差
投機運X　工作運X　未來運△

第378籤　上吉籤

從您本身相關的數字或卜卦所得數字，在以下各方面得分

財運得90分　和氣中處處逢貴人提攜，在順利中不可忘了積穀防飢，才能長久。

事業得90分　業務昌盛，而且在本業中能獲得良好的風評與商譽，慢慢擴張。

家庭得90分　闔家相親相愛，相互扶持，勤儉持家，家運逐漸興隆。

愛情得95分　兩情相悅，情投意合，感情與日俱增，好事將近。

以下僅以　◎=最佳　○=佳　△=平　X=差
投機運◎　工作運◎　未來運◎

第379籤　上吉籤

從您本身相關的數字或卜卦所得數字，在以下各方面得分

財運得95分　財勢氣運光明豐盛，平常心以對會有好收穫。

事業得80分　業績可達目標，不用過於憂慮，且還有令人振奮的意外之喜。

家庭得80分　雖與理想有些差距，但必竟是成功的，不必煩惱。

愛情得85分　感情順利進展，放鬆心情，一切順遂，春風得意。

以下僅以　◎=最佳　○=佳　△=平　X=差
投機運◎　工作運○　未來運◎

第380籤　下下籤

從您本身相關的數字或卜卦所得數字，在以下各方面得分

財運得50分　運勢平平，並有損己利人現象發生，如能誠懇努力挽回能獲吉利。

事業得45分　合夥事業傳出另組團隊，雖一時無法適應，但塞翁失馬焉知非福。

家庭得40分　內部不合小有插曲，平心靜氣處理，雖不盡如意也能避免更大傷害。

愛情得35分　有人反對或第三者介入，避免糾紛放棄吧！天涯何處無芳草。

以下僅以　◎=最佳　○=佳　△=平　X=差
投機運X　工作運△　未來運△

◆　第五章　數字籤號吉凶論斷解釋區　◆

283

第381籤　上吉籤

財運得90分　週遭充滿生機，又有長輩之助，只要不逾矩不走偏，會有所作為。

事業得85分　平順營利，如有不順都能獲得圓滿解決，時運開始轉好。

家庭得80分　還算平安，家中成員會有小狀況發生，能遇貴人協助，漸入佳境。

愛情得80分　愛情長跑，雙方有心但缺乏熱勁，待之以誠，視機行事，能獲芳心。

以下僅以　◎=最佳　○=佳　△=平　Ⅹ=差
投機運○　工作運◎　未來運◎

第382籤　中中籤

財運得60分　氣運不穩，處處凶險，幸只會有小損失，大事無礙。

事業得65分　前景出現一片危機，所幸有良好根基，可安然渡過險境。

家庭得65分　無風不起浪，應妥善處理家中爭執，終能逢凶化吉。

愛情得60分　感情出現變化，憂煩交集，理性處之，反而能考驗愛情真誠。

以下僅以　◎=最佳　○=佳　△=平　Ⅹ=差
投機運△　工作運△　未來運△

◆ 學數字斷吉凶，這本最好用 ◆

第383籤　下下籤

財運得40分　行事常常功虧一簣，勞心勞力得不到成果，多做多敗徒增傷害。

事業得45分　事業多變，獲利不能如預期般的理想，不要躁進保持現狀吧！

家庭得35分　金錢與精神難兩顧，因此使家庭陷於不安及感情低落的氣氛中。

愛情得35分　進展不是很順利，隨時都有失敗可能，勿急！否則可能畫下句點。

以下僅以　◎=最佳　○=佳　△=平　╳=差
投機運╳　工作運╳　未來運╳

第384籤　上吉籤

從您本身相關的數字或卜卦所得數字，在以下各方面得分

財運得95分　最佳良機已到，可得貴人相助，不用事必躬親，能廣結善緣更好。

事業得90分　業績不錯，可得如意夥伴或新股東加入，都能使業績更上層樓。

家庭得80分　家中決定的事情該做就馬上去實行，不要猶豫；用人不疑，會有成果的。

愛情得80分　雖是媒妁之緣，但你們的緣份是很深厚的，值得交往。

以下僅以　◎=最佳　○=佳　△=平　╳=差
投機運○　工作運◎　未來運◎

◆　第五章　數字籤號吉凶論斷解釋區　◆

285

第六章

找尋個人的幸運數字

第一節　如何依出生年、月、日得知一個人的特質

由出生的年、月、日可查出一個人一生中的總特質。

此項診斷是用西元方式運算。

如何將民國轉換成西元呢？

例如：

民國48年9月23日生　將48+1911＝1959年

用西元出生年月日相加得出的個位數、查下方解釋即為個人特質。

例如：1957年7月26日生（用身分證上之日期）

換算：1+9+5+7+7+2+6＝37　3+7＝10＝1+0＝1

（請參考下方(1)的解說　例如：1973年4月12日生（用身分證上之日期）

換算：1+9+7+3+4+1+2＝27，2+7＝9

（請參考下方(9)的解說）

1.具開創型、具領袖魄力、應變力強、自主性。

2.分析型、依賴型、雙重性格、可溝通。

3.有創意型、想求穩定、藝術型、多樣才華型。

4.安全感差、組織力強、具穩定性、有建設性。

5.喜自由性、變化性強、具挑戰性、具行銷專才、包
　容性。

6.具承擔型、具關懷、善解人意、調解型。

7.喜質疑、分析力強型、較走運型、會自欺型。

8.具開發型、較務實、財運佳、創業型。

9.服務型、完美性、想像力豐富、不夠務實。

　　由上一節中可得知自己先天的特性（數字）。如果您
先天所欠缺的一些好特質（數字），要如何運用易經九宮
合（十五）的原理加以補強呢？

　　以下方法就是要來跟各位說明：如何找出個人一輩子

的最幸運數字。

數字改運重點：

將出生日期填入九宮圖上即得知先天所缺的數字。

開運改運方式就是挑選先天所欠缺的數字，補上即達
開運改運效果。

先天九宮分佈圖

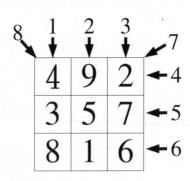

將九宮分成八種相加為15的組合

第1組=.4.3.8	第5組=.3.5.7
第2組=.9.5.1	第6組=.8.1.6
第3組=.2.7.6	第7組=.2.5.8
第4組=.4.9.2	第8組=.4.5.6

八組中只缺一數則沒關係，如某一組中缺二數則需列入缺
數計算。

第二節　一生中缺438之數字會有何現象

例如：1957年7月26日生（用身分證上之日期）

換算：1.9.5.7.7.2.6分別將數字填入下圖

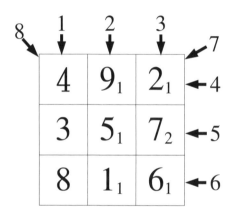

共分8組3碼數字

由此例得知先天缺少第一組4.3.8的組合比較會有以下現象：

缺 4、3、8

一生想追求穩定，但心中缺乏安全感、也較沒耐性，雖有藝術才華及創意的頭腦，卻無法好好發揮；腦中很想開發新事項並務實去做；財運並不好。

數字開運：可選4、3、8之數目的組合，也就是用來彌補先天所欠缺的數字，但排列組合要好籤喔！

438的組合有以下幾種排列：選吉籤之排列來開運。

438上吉籤　　483上吉籤　　348上吉籤

384上吉籤　　834下下籤　　843上吉籤

以上組合排列由本書查得。

經九宮排列出生日期後如缺438就可將438當成個人的幸運數字。

第三節　一生中缺951之數字會有何現象

例如：2034年8月26日生（用身分證上之日期）

換算：2.0.3.4.8.2.6分別將數字填入下圖

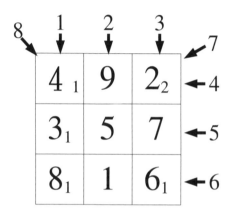

共分8組3碼數字

由此例得知先天缺少第二組9.5.1的組合，比較會有以下現象：

缺 9、5、1

一生嚮往自由，但因某種因素卻無法很自由；想像力豐富，但達成願望的機運卻不高；凡事要求完美，有領袖性格但卻很辛苦，有行銷能力但缺少運氣，所以財運並不佳。

數字開運：可選9、5、1之數目的組合，也就是用來彌補先天所欠缺的數字，但排列組合要好籤喔！

951的組合有以下幾種排列：選吉籤之排列來開運。

951上吉籤　　915上吉籤　　519上吉籤

591上吉籤　　195上吉籤　　159上吉籤

以上組合排列由本書查得之吉凶籤。

經九宮排列出生日期後如缺951就可將951當成個人的幸運數字。

第四節　一生中缺276之數字會有何現象

例如：1954年3月08日生（用身分證上之日期）。

換算：1.9.5.4.3.0.8分別將數字填入下圖

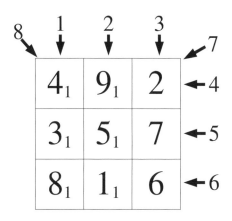

共分8組3碼數字

由此例得知先天缺少第三組2.7.6的組合比較會有以下
現象：

缺 2、7、6

做事總經過分析但還不是很完美、對事質疑性比較強，比較不善解人意；承擔不了重擔，常會忽略事實，有依賴性，想走運比較難，如要走運就得改變心性及做法多方配合才是。

數字開運：可選2、7、6之數目的組合，也就是用來彌補先天所欠缺的數字，但排列組合要好籤喔！

276的組合有以下幾種排列：選吉籤之排列來開運。

276下下籤　　267中中籤　　726下下籤

762上吉籤　　627下下籤　　672中中籤

以上組合排列由本書查得之吉凶籤。

經九宮排列出生日期後如缺726就可將726當成個人的幸運數字。

第五節　一生中缺492之數字會有何現象

例如：1876年5月31日生（用身分證上之日期）

換算：1.8.7.6.5.3.1分別將數字填入下圖

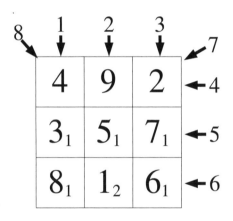

共分8組3碼數字

由此例得知先天缺少第四組4.9.2的組合比較會有以下現象：

缺 4、9、2

一切事情都不怎麼完美；想像力雖然豐富但比較不容易實踐；分析力雖強卻容易猶豫，個性兩極；一生想追求穩定，但都不那麼容易；雖有組織力，但助益不大，實在不知怎麼辦。

數字開運：可選4、9、2之數目的組合，也就是用來彌補先天所欠缺的數字，但排列組合要好籤喔！

492的組合有以下幾種排列：選吉籤之排列來開運。

492中中籤　　429下下籤　　924下下籤

942下下籤　　249下下籤　　294下下籤

以上組合排列由本書查得之吉凶籤。

經九宮排列出生日期後如缺492就可將492當成個人的幸運數字。

第六節　一生中缺357之數字會有何現象

例如:1986年2月24日生（用身分證上之日期）

換算：1.9.8.6.2.2.4分別將數字填入下圖

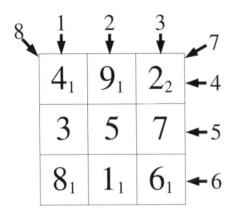

共分8組3碼數字

由此例得知先天缺少第五組3.5.7的組合比較會有以下

現象：

缺 3、5、7

◆ 第六章　找尋個人的幸運數字 ◆

299

對某些事比較缺乏耐性，個性上又嚮往自由，無奈牽掛多；運勢不很強且對事情質疑力較大，分析能力發展不出來；一生中想挑戰極限但很難如願，對行銷有興趣卻沒把握，對一切事情比較會自我隱瞞。

數字開運：可選3、5、7之數目的組合，也就是用來彌補先天所欠缺的數字，但排列組合要好籤喔！

357的組合有以下幾種排列：選吉籤之排列來開運。

357上吉籤　　375下下籤　　537上吉籤

573上吉籤　　735上吉籤　　753上吉籤

以上組合排列由本書查得之吉凶籤。

經九宮排列出生日期後如缺357就可將357當成個人的幸運數字。

第七節 一生中缺816之數字會有何現象

例如：2035年9月04日生（用身分證上之日期）

換算：2.0.3.5.9.0.4分別將數字填入下圖

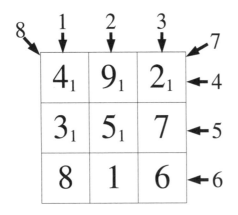

共分8組3碼數字

由此例得知先天缺少第六組8.1.6的組合比較會有以下
現象：

缺 8、1、6

本是一個具開創型且有領袖氣質的人才，應變力也很強，頭腦好，但因本身缺乏8、1、6靈動數，所以開創力變得較不足，組織力，領袖格也不突出，遇事會覺得責任太重，也比較不能體諒他人，雖務實在做但財運卻不佳，可用數字來改看看。

數字開運：可選8、1、6之數目的組合，也就是用來彌補先天所欠缺的數字，但排列組合要好籤喔！

816的組合有以下幾種排列：選吉籤之排列來開運。

816上吉籤　　861下下籤　　168下下籤

186下下籤　　681下下籤　　618上吉籤

以上組合排列由本書查得之吉凶籤。

經九宮排列出生日期後如缺816就可將816當成個人的幸運數字。

第八節　一生中缺258之數字會有何現象

例如：1967年03月04日生（用身分證上之日期）

換算：1.9.6.7.3.4分別將數字填入下圖

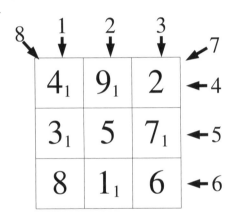

共分8組3碼數字

由此例得知先天缺少第七組2.5.8的組合比較會有以下現象：

缺 2、5、8

本是一個喜歡自由且具有變化性的人，但往往天不從人願，心情煩，竟然整天忙東忙西沒有自由可言；對行銷較沒信心，凡具挑戰性的事都不感興趣。如果您想要處事務實，又要有財運良好的分析能力，那就要選靈動力佳的數字。

數字開運：可選2、5、8之數目的組合；也就是用來彌補先天所欠缺的數字，但排列組合要好籤喔！

258的組合有以下幾種排列：選吉籤之排列來開運。

258下下籤　　285下下籤　　528下下籤

582下下籤　　825中中籤　　852下下籤

以上組合排列由本書查得之吉凶籤。

經九宮排列出生日期後如缺825就可將825當成個人的幸運數字。

第九節 一生中缺456之數字會有何現象

例如：987年2月23日生（用身分證上之日期）

換算：1.9.8.7.2.2.3分別將數字填入下圖

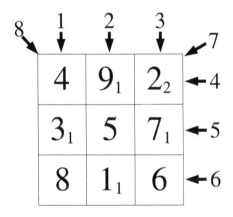

共分8組3碼數字

由此例得知先天缺少第八組4.5.6的組合比較會有以下
現象：

缺 4、5、6

組織力不是很強，在情緒控制上也較不能掌握，一堆，瑣事牽絆著，讓您覺得沒什麼自由；在事情的承擔上顯然無法擔當重任，爲人較孤僻常自我發牢騷，擁有關懷的心但無法好好發揮，比較沒有挑戰未來的勇氣，行銷能力有待加強。

數字開運：可選4、5、6之數目的組合，也就是用來彌補先天所欠缺的數字，但排列組合要好籤喔！

456的組合有以下幾種排列：選吉籤之排列來開運。

456下下籤　　465中中籤　　546下下籤

564下下籤　　645上吉籤　　654下下籤

以上組合排列由本書查得之吉凶籤。

經九宮排列出生日期後如缺645就可將645當成個人的幸運數字。

第十節 一生中缺很多數字會有何現象

如果每組只缺兩數的算法如下

例如：1959年4月02日生（用身分證上之日期）

換算：1.9.5.9.4.2分別將數字填入下圖

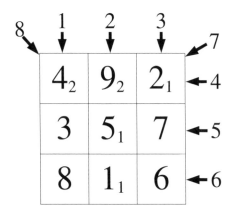

由此例得知先天

第一組缺3.8　第三組缺7.6

第五組缺3.7　第六組缺8.6

每組中只缺一數則不列入人生缺數

每組中有缺二數則需列入人生缺數（幸運數字）

然後將缺二數中的六組缺數重新排列組合如下

3 . 8   3. 8. 7. 6

7 . 6

3 . 7

8 . 6   2. 2. 2. 2

以上所缺的組數，只要缺二碼的那一組，其現象就可以去看解說篇的解釋。

例如：缺3.8則去看缺4.3.8的解釋（現象沒那麼明顯）。

缺8.6則去看缺8.1.6的解釋（現象沒那麼明顯）。

由上面之缺數得知這輩子就缺.3.8.7.6.也就是這輩子的幸運數字，當然就可用這四個數字中的其中的三碼去做排列組合如：

387或378或837或873或783或738也可以用

876或867或768或786或678或687也可以用

376的組合或765的組合或有太多的組合，但要去找出排列出的數字是上吉籤才行喔！

經過選出的幸運數字，該藉由何種方法來開運，請參考後章的開運改運篇。

一生中缺太多數字會有何現象

如果每組只缺兩數的算法如下：

例如：1949年4月02日生（用身分證上之日期）

換算：1.9.4.9.4.2分別將數字填入下圖

$$8 \searrow \quad 1 \downarrow \quad 2 \downarrow \quad 3 \downarrow \quad \nwarrow 7$$

4_2	9_2	2_1 ← 4
3	5	7 ← 5
8	1_1	6 ← 6

由此例得知先天

第一組缺3.8　　第三組缺7.6　　第五組缺3.5.7

第六組缺8.6　　第七組缺5.8　　第八組缺5.6

每組中只缺一數則不列入人生缺數。

每組中有缺二數則需列入人生缺數（幸運數字），

然後將缺二數中的六組缺數重新排列組合如下：

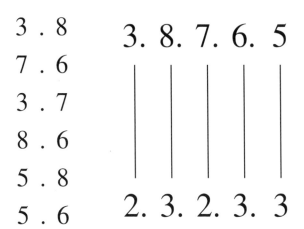

3 . 8
7 . 6
3 . 7
8 . 6
5 . 8
5 . 6

以上所缺的組數，只要缺二碼的那一組其現象就可以去看解說篇的解釋。

例如：缺3.8則去看缺4.3.8的解釋(現象沒那麼明顯)。

缺8.6則去看缺8.1.6的解釋（現象沒那麼明顯）。

由上面之缺數得知這輩子就缺.3.8.7.6.5也就是這輩子的幸運數字，當然就可用這五個數字中的其中的三碼去做排列組合如：

387或378或837或873或783或738也可以用

658或685或865或856或568或586也可以用

876或867或768或786或678或687也可以用

376的組合或765的組合或有太多的組合，但要去找出

排列出的數字是上吉籤才行喔！

經過選出的幸運數字，該藉由何種方法來開運
，請參考後章的開運改運篇。

第十一節　一生中缺數之組合一覽表

運用出生年月日之生命密碼，配合易經多退少補的原則，來達成生命旅程中的功德圓滿。

> **九宮圖中缺 4、3、8 組合比較會有以下現象**
>
> 　　一生想追求穩定生活，但心中比較缺乏安全感，也較沒耐性；雖有藝術才華及創意的頭腦，但卻無法好好發揮，腦中很想開發新事項並務實去做；財運並不如想像中的好。
>
> 　　數字改運：可選4、3、8之數目的組合（配合數字論吉凶來挑選）。

> **九宮圖中缺 9、5、1 組合比較會有以下現象**
>
> 　　一生嚮往自由，但因某種因素卻無法很自由，想像力很豐富，但達成願望機運卻不高，凡事要求完美，一生中有領袖格但卻很辛苦；有行銷能力但缺少運氣，所以財運並不佳。
>
> 　　數字改運：可選9、5、1之數目的組合（配合數字論吉凶來挑選）。

九宮圖中缺 **2**、**7**、**6** 組合比較會有以下現象

做事總經過分析但還不是很完美，對事質疑性比較強；不善解人意，承擔不了重擔，常會忽略事實、有依賴性，想走運比較難，如要走運就得改變心性及做法多方配合才是。

數字改運：可選2、7、6之數目的組合（配合數字論吉凶來挑選）。

九宮圖中缺 **4**、**9**、**2** 組合比較會有以下現象：

一切事情都不怎麼完美，想像力雖然豐富但比較不容易實踐，分析力雖強但容易猶豫，個性兩極，一生想追求穩定，但都不那麼容易；雖有組織力但助益不大，實在不知怎麼辦。

數字改運：可選4、9、2之數目的組合（配合數字論吉凶來挑選）。

九宮圖中缺 3、5、7 組合比較會有以下現象：

　　對某些事比較缺乏耐性，個性上又嚮往自由，無奈牽掛多。運勢不很強且對事情質疑力較大，分析能力發展不出，一生中想挑戰極限但很難如願，對行銷有興趣但卻沒把握，對一切事情比較會自我隱瞞。

　　數字改運：可選3、5、7之數目的組合（配合數字論吉凶來挑選）。

九宮圖中缺 8、1、6 組合比較會有以下現象

　　本是一個具開創型且有領袖氣質的人才，應變力也很強，頭腦好，但因本身缺乏8、1、6靈動數，所以開創力變得較不足，組織力、領袖格也不突出，遇事會覺得責任太重，也比較不能體諒他人，雖務實在做但財運卻不佳，可用數字來改看看。

　　數字改運：可選8、1、6之數目的組合（配合數字論吉凶來挑選）。

九宮圖中缺 **2**、**5**、**8** 組合比較會有以下現象

　　本是一個喜歡自由且具有變化性的人，但往往天不從人願，心情煩，竟然整天忙東忙西沒有自由可言；對行銷較沒信心，凡具挑戰性的事都不感興趣。如果您想要處事務實，又要有財運以及良好的分析能力，那就要選靈動力佳的數字。

　　數字改運：可選2、5、8之數目的組合（配合數字論吉凶來挑選）。

九宮圖中缺 **4**、**5**、**6** 組合比較會有以下現象

　　組織力不是很強，在情緒控制上也較不能掌握，一堆瑣事牽絆著，讓您覺得沒什麼自由；在事情的承擔上顯然無法擔當重任，爲人較孤僻常自我發牢騷，擁有關懷的心但無法好好發揮，比較沒有挑戰未來的勇氣，行銷能力有待加強。

　　數字改運：可選4、5、6之數目的組合（配合數字論吉凶來挑選）。

第十二節　得知幸運號碼後怎麼辦

我們身邊的這些號碼數字不佳怎麼辦？

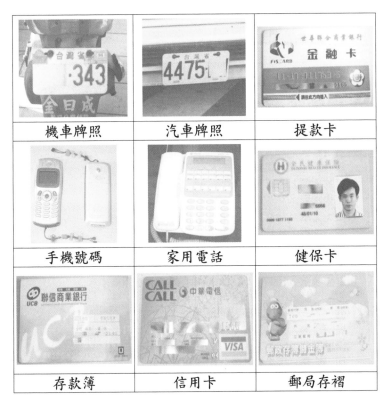

機車牌照	汽車牌照	提款卡
手機號碼	家用電話	健保卡
存款簿	信用卡	郵局存褶

將您個人最幸運號碼，用手寫或用電腦印出小小標籤，黏貼於各類証件的空白處，即可達成開運效果。

國家圖書館出版品預行編目資料

學數字斷吉凶，這本最好用／黃恆堉著.
－－第一版－－臺北市：知青頻道出版；
紅螞蟻圖書發行，2006(民95)
面　　公分－－(Easy Quick；62)
ISBN 957-0491-64-7（平裝）

1.占星 2.數字

292.9　　　　　　　　　　　　95004502

Easy Quick 62

學數字斷吉凶，這本最好用

作　　者／黃恆堉
發 行 人／賴秀珍
總 編 輯／何南輝
特約編輯／呂思樺
美術編輯／林美琪
出　　版／知青頻道出版有限公司
發　　行／紅螞蟻圖書有限公司
地　　址／台北市內湖區舊宗路二段121巷19號（紅螞蟻資訊大樓）
網　　站／www.e-redant.com
郵撥帳號／1604621-1　紅螞蟻圖書有限公司
電　　話／(02)2795-3656（代表號）
傳　　真／(02)2795-4100
登 記 證／局版北市業字第796號
法律顧問／許晏賓律師
印 刷 廠／卡樂彩色製版印刷有限公司
出版日期／2006年4月　第一版第一刷
　　　　　2016年1月　　　　第二刷

定價 320 元　港幣 107 元

ISBN　957-0491-64-7　　　　　Printed in Taiwan